Table des matières

Introduction

Quand nous étions enfants, nos mères et nos grand-mères nous cuisinaient des cupcakes qu'elles décoraient avec fantaisie. Chaque gâteau était en quelque sorte une œuvre d'art, qui mariait des couleurs et des textures surprenantes. Ces petites douceurs sont demeurées pour nous synonymes de bonheur, de réconfort, de partage et de pur plaisir.

En mai 2007, notre passion pour cette petite gâterie a pris une tout autre ampleur lorsque nous avons réalisé ce rêve un peu fou : ouvrir notre propre boutique de cupcakes, Petits Gâteaux, avenue du Mont-Royal. Nous y offrons des cupcakes frais du jour, originaux et confectionnés avec soin. Julien, notre chef pâtissier et allié, est un véritable virtuose de ces petites merveilles multicolores. Il les confectionne avec des produits naturels et utilise des ingrédients de la plus grande qualité, dans le souci de préserver l'authenticité des saveurs. Aussi agréables à la vue qu'au goût, nos cupcakes se réinventent au gré des saisons et des thématiques.

De cette passion partagée émerge aujourd'hui ce livre coloré et appétissant, élaboré avec beaucoup de savoir-faire, de créativité et de bonheur. Chacune des recettes conçues par Julien a été testée par l'équipe de Petits Gâteaux, pour notre plus grand plaisir ! Il nous offre des valeurs sûres comme la vanille, le chocolat, les bananes, les agrumes, le caramel et les framboises. Mais il nous propose aussi

des créations plus audacieuses comme le gâteau à la bière, le cupcake au tofu ou au thé matcha. De quoi régaler petits et grands. Que ces recettes soient classiques, excentriques, simples ou élaborées, elles sont toutes le fruit de notre amour contagieux pour les petits gâteaux.

À votre tour maintenant de vous amuser à les confectionner et à les déguster en toutes occasions. Toutes les fantaisies sont permises !

Claire Bélanger et Christine Mitton

Le b. a.-ba des cupcakes : Équipement de base

① Tamis
② Bols à mélanger
③ Fouet
④ Spatule
⑤ Tasses à mesurer
⑥ Siphon à chantilly
⑦ Batteur à main
⑧ Moule à muffins
⑨ Moule en papier
⑩ Balance électronique
⑪ Thermomètre numérique
⑫ Casserole
⑬ Poche à pâtisserie
⑭ Douilles

Pâte à gâteau de base

① Réunir tous les ingrédients. ② Dans un bol, blanchir le beurre ramolli avec le sucre pour obtenir une texture légère. ③ Incorporer les œufs un à un pour obtenir une pâte homogène. Ajouter la vanille. ④ Tamiser les ingrédients secs. ⑤ Ajouter les liquides graduellement pour mieux les incorporer. ⑥ Remplir une poche à douille de pâte et garnir les moules en papier.

Note : La recette illustrée est celle du Gâteau à la vanille

Glaçage au beurre

① Réunir tous les ingrédients. ② Battre tous les ingrédients ensemble, sauf le colorant, pour obtenir une texture légère. Ajouter ensuite le colorant. ③ Remplir une poche à douille et utiliser le glaçage aussitôt.

Note : La recette illustrée est celle du Glaçage à la vanille

Conseils

Utilisez du beurre à la température de la pièce, ainsi il ne sera pas nécessaire de trop réchauffer le glaçage par la suite.

Si le beurre est trop froid, le glaçage peut être dur. Si c'est le cas, mettez le glaçage dans un bain-marie, laissez-le quelques minutes, puis battez-le de nouveau.

Caramel à sec

① Mettre tout le sucre dans une casserole à feu élevé. ② Remuer continuellement le sucre. ③ Lorsque le caramel a la couleur voulue, l'utiliser aussitôt, car il continuera de cuire même après avoir été retiré du feu et risquerait de brûler.

Meringue italienne

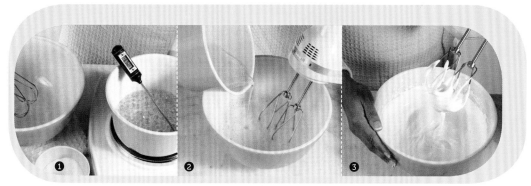

① Chauffer le sirop à la température désirée – entre 116 et 130 °C (240 et 265 °F). ② Le verser lentement sur les blancs d'œufs en fouettant continuellement. ③ Fouetter jusqu'à complet refroidissement pour obtenir une texture ferme.

Amandes caramélisées

Donne 300 g (2 tasses)

45 min

15-20 min

2   3 et 4   5 et 6

200 g (1 ¹/₂ tasse)	Amandes
100 g (¹/₂ tasse)	Sucre
2 c. à soupe	Eau
1 c. à café/à thé	Huile

❶ Préchauffer le four à 150 °C (300 °F). Mettre les noix au four, de 15 à 20 minutes, cela en rehaussera la saveur et permettra d'en retirer l'enveloppe, au besoin. Si elles ont passé un temps adéquat au four, cette enveloppe s'enlèvera facilement en frottant les noix entre elles avec les mains, une fois qu'elles seront refroidies. Séparer ensuite les noix émondées du reste. ❷ Pour faire le sirop, faire bouillir le sucre et l'eau de 3 à 4 minutes. Ajouter les noix tiédies. ❸ Mélanger le tout sans arrêt avec une spatule en bois. ❹ Le sirop va blanchir et épaissir, les noix seront donc enrobées individuellement d'une épaisse couche de sucre. À feu moyen, continuer de mélanger les noix jusqu'à ce qu'elles soient toutes bien caramélisées. ❺ Déposer une feuille de cuisson antiadhésive dans une plaque à pâtisserie. ❻ Lorsque les noix ont une belle couleur dorée, ajouter l'huile pour les séparer. Mettre ensuite les noix sur la feuille de cuisson en les éloignant les unes des autres avec une spatule en bois. ❼ Quand elles sont froides, les mettre dans un pot hermétique.

Conseils

Vous pouvez utiliser cette recette pour tous les types de noix.

Les noix se conservent 1 mois.

Les classiques

Cupcakes à la vanille

🧁 12

🍰 45 min

♨ 20-25 min

Gâteau à la vanille

120 g ($^3/_4$ tasse)	Beurre à la température de la pièce
180 g ($^3/_4$ tasse)	Sucre
2	Œufs moyens
4 c. à café/à thé	Essence de vanille
240 g (1 $^3/_4$ tasse)	Farine
1 $^1/_2$ c. à café/à thé	Levure chimique (poudre à pâte)
$^1/_2$ c. à café/à thé	Sel
240 ml (1 tasse)	Crème 35 %
80 ml ($^1/_3$ tasse)	Lait 3,25 %

❶ Préchauffer le four à 190 °C (375 °F). Garnir un moule à muffins de petits moules en papier. ❷ Dans un bol, crémer le beurre et le sucre à l'aide d'un batteur électrique ou d'une spatule en bois. ❸ Ajouter les œufs un à un, puis l'essence de vanille. Incorporer ensuite les ingrédients secs tamisés. ❹ Ajouter les liquides et bien mélanger pour obtenir une pâte homogène. ❺ Remplir les moules aux $^3/_4$ de pâte et cuire au four de 20 à 25 minutes. ❻ Vérifier la cuisson à l'aide de la pointe d'un couteau.

Glaçage à la vanille

135 g ($^3/_4$ tasse)	Beurre à la température de la pièce
375 g (1 $^1/_2$ tasse)	Sucre à glacer
1 c. à soupe	Essence de vanille
2 c. à soupe	Lait 3,25 %
	Colorant rose

❶ Dans un bol, battre le beurre et le sucre, ajouter les liquides et monter le glaçage pendant 5 minutes à l'aide d'un fouet ou d'un batteur électrique. ❷ Si le glaçage est trop mou, le mettre au réfrigérateur pendant une quinzaine de minutes, puis le battre de nouveau jusqu'à l'obtention d'une texture crémeuse.

Décoration

Faire une double rosace de glaçage avec une poche à pâtisserie munie d'une douille cannelée, puis saupoudrer de sucre rose, si désiré.

Conseil

Vous pouvez remplacer l'essence de vanille naturelle par une gousse de vanille coupée en 2 et grattée. Calculez alors que I c. à café/à thé d'essence équivaut à une gousse. Si vous utilisez une essence artificielle, diminuez les quantités de moitié.

Cupcakes au chocolat classique

12
1 h
20-25 min

Gâteau au chocolat classique

100 g ($^3/_4$ tasse)	Chocolat noir, 64 à 72 %, en pastilles
145 ml ($^2/_3$ tasse)	Lait 3,25 %
180 g ($^3/_4$ tasse)	Beurre
280 g (1 $^1/_3$ tasse)	Sucre
2	Œufs moyens
$^1/_2$ c. à café/à thé	Essence de vanille
225 g (1 $^2/_3$ tasse)	Farine
5 c. à café/à thé	Cacao en poudre non sucré
1 $^1/_2$ c. à café/à thé	Levure chimique (poudre à pâte)
$^1/_2$ c. à café/à thé	Sel
145 ml ($^2/_3$ tasse)	Lait tiédi

❶ Préchauffer le four à 200 °C (400 °F). Garnir un moule à muffins de petits moules en papier. ❷ Mettre le chocolat dans un bol. ❸ Dans une casserole, faire bouillir 145 ml ($^2/_3$ tasse) de lait, puis le verser sur le chocolat. Laisser reposer pendant 5 minutes, puis fouetter le tout pour obtenir une ganache homogène. ❹ Dans un autre bol, blanchir le beurre avec le sucre, ajouter les œufs un à un et la vanille. ❺ Tamiser ensemble tous les ingrédients secs, puis les incorporer délicatement au mélange précédent. Ajouter la ganache et le lait tiède qui reste. Mélanger le tout de plus en plus énergiquement afin d'obtenir une pâte lisse. Laisser reposer la pâte au réfrigérateur pendant 1 heure. ❻ Cuire au four de 20 à 25 minutes. ❼ À la sortie du four, démouler sur une grille.

Glaçage au chocolat

180 g (1 tasse)	Beurre mou
375 g (2 $^1/_2$ tasses)	Sucre à glacer
20 g ($^1/_4$ tasse)	Cacao en poudre non sucré
140 g (1 tasse)	Chocolat noir, 64 à 72 %, en pastilles, fondu
70 ml ($^1/_3$ tasse)	Lait 3,25 %

❶ Dans un bol, battre le beurre, le sucre et le cacao en poudre. Ajouter le chocolat fondu, puis le lait. Battre pendant au moins 5 minutes jusqu'à ce que la texture soit légère, mais que le mélange se tienne bien. Si le glaçage est trop mou, procéder comme pour le Glaçage à la vanille (voir p. 18).

Décoration

Utiliser une poche à pâtisserie munie d'une grosse douille unie et faire 3 boules écrasées l'une par-dessus l'autre. Saupoudrer de cacao en poudre.

Conseil

Ce glaçage, comme le Glaçage au chocolat blanc, est fragile, utilisez-le dès qu'il aura une texture lisse.

Gâteau au chocolat et à la guimauve

12

1 h

20-25 min

Gâteau au chocolat

4	Gros œufs
160 g ($^3/_4$ tasse)	Sucre
2 pincées	Sel
150 g (1 tasse)	Chocolat noir, 70 %, en pastilles
150 g ($^2/_3$ tasse)	Beurre
80 ml ($^1/_3$ tasse)	Crème 35 %
175 g (1 $^1/_4$ tasse)	Farine
4 $^1/_2$ c. à soupe	Cacao en poudre
1 $^1/_4$ c. à café/à thé	Levure chimique (poudre à pâte)
60 g ($^2/_3$ tasse)	Poudre d'amande

❶ Préchauffer le four à 190 °C (375 °F). Garnir un moule à muffins de petits moules en papier. ❷ Mettre les jaunes et les blancs dans des bols différents. Blanchir les jaunes avec 3 c. à soupe de sucre. Réserver. Monter les blancs avec le sel et le reste du sucre.
❸ Dans un bain-marie, faire fondre le chocolat et le beurre, ajouter le mélange jaunes-sucre, puis la crème. Incorporer en alternance les ingrédients secs tamisés et les blancs montés, mais finir par les blancs en les pliant délicatement dans le mélange avec une spatule en bois. ❹ Remplir les moules aux $^3/_4$ de pâte et cuire au four de 20 à 25 minutes.
❺ À la sortie du four, démouler.

Guimauve à la vanille

5 feuilles	Gélatine en feuilles
3 c. à soupe	Sirop de maïs
260 g (1 $^1/_4$ tasse)	Sucre
70 ml ($^1/_4$ tasse)	Eau
4	Blancs d'œufs moyens
1 c. à café/à thé	Essence de vanille
140 g (1 tasse)	Chocolat noir, en pastilles

❶ Dans un bol, mettre la gélatine à ramollir dans de l'eau très froide pendant 15 minutes. ❷ Dans une casserole, mettre le sirop de maïs, 220 g (1 tasse) de sucre et l'eau. ❸ Faire bouillir jusqu'à ce que le mélange atteigne 140 °C (285 °F). ❹ Pendant que le sirop chauffe, monter lentement les blancs d'œufs dans un bol à l'aide d'un batteur électrique ou d'un batteur sur socle avec le reste du sucre. ❺ Égoutter la gélatine. ❻ Quand le sirop est à 130 °C (265 °F), battre les blancs plus rapidement. Quand il atteint 140 °C (285 °F), verser le sirop en filet sur les blancs en continuant à fouetter. Incorporer la gélatine égouttée et la vanille aux blancs d'œufs. ❼ Fouetter pendant 5 minutes à vitesse élevée, puis continuer à fouetter à vitesse moyenne pour que la guimauve refroidisse. ❽ Préparer une poche à pâtisserie munie d'une grosse douille lisse, la remplir de la pâte de guimauve, puis faire une boule sur chaque gâteau.

Décoration

Dans un récipient étroit, faire fondre
les pastilles de chocolat, y tremper
chaque boule de guimauve à
mi-hauteur des guimauves,
puis laisser prendre le chocolat.

Conseil

Une fois que la guimauve est
fouettée, elle doit être utilisée
rapidement avant que le mélange
prenne.

Cupcakes au chocolat et truffes au chocolat

🧁 12

🥣 2 ½ h

♨ 20-25 min

Gâteau au chocolat moelleux

75 g (⅓ tasse)	Beurre
170 g (1 ¼ tasse)	Chocolat noir, 70 %, en pastilles
6	Blancs d'œufs moyens
90 g (½ tasse)	Sucre
3	Jaunes d'œufs moyens
35 g (¼ tasse)	Farine

❶ Préchauffer le four à 180 °C (350 °F). Garnir un moule à muffins de petits moules en papier. ❷ Dans un bain-marie, faire fondre le beurre et le chocolat. ❸ Dans un bol, monter les blancs avec le sucre jusqu'à ce qu'ils forment des pics mous. Lorsqu'ils sont montés, ajouter les jaunes et cesser de fouetter. ❹ Incorporer délicatement aux blancs fouettés le mélange beurre-chocolat, puis la farine. ❺ Remplir aussitôt les moules aux ¾ de pâte et cuire au four de 20 à 25 minutes. ❻ À la sortie du four, démouler.

Truffes au chocolat

Donne : 25 à 30 truffes

200 ml (¾ tasse)	Crème 35 %
1 c. à soupe	Miel
320 g (2 ¼ tasses)	Chocolat noir, 72 %, en pastilles
50 g (⅓ tasse)	Beurre mou

❶ Dans une casserole, faire bouillir la crème et le miel, puis verser sur le chocolat. Laisser fondre pendant 5 minutes, puis mélanger doucement par petits ronds concentriques sans incorporer d'air pour obtenir une ganache bien lisse. ❷ Incorporer le beurre de la même façon. ❸ Lorsque la ganache est bien homogène, la verser dans une plaque à pâtisserie d'environ 17,5 x 12,5 cm (7 x 5 po) préalablement couverte d'une pellicule plastique, puis placer au réfrigérateur.
Pour la finition des truffes, voir la recette de Truffes au caramel, p. 100.

Décoration

Quand le gâteau est froid, mettre une cuillerée de Ganache au chocolat, voir p. 42, puis garnir d'une truffe.

Cupcakes aux bananes et au sucre à la crème

12

1 ½-2 h

20-25 min

Gâteau aux bananes

115 g (³/₄ tasse)	Beurre mou
200 g (1 tasse)	Sucre
3	Gros œufs
½ c. à café/à thé	Essence de vanille
245 g (1 ³/₄ tasse)	Farine
1 c. à café/à thé	Bicarbonate de soude
1 ½ c. à café/à thé	Levure chimique (poudre à pâte)
½ c. à café/à thé	Sel
3	Bananes mûres moyennes
80 ml (¹/₃ tasse)	Babeurre

❶ Préchauffer le four à 190 °C (375 °F). Garnir un moule à muffins de moules en papier. ❷ Dans un bol, crémer le beurre et le sucre. Ajouter les œufs un à un et la vanille. Incorporer les ingrédients secs tamisés. Dans une assiette, écraser les bananes à la fourchette et les ajouter à la pâte. ❸ Mettre le babeurre et bien mélanger la pâte. ❹ Remplir les moules aux ³/₄ et cuire au four de 20 à 25 minutes.

Conseil
Si vous utilisez des bananes décongelées, il faut les égoutter.

Sucre à la crème
Donne : 24 morceaux

115 g (¹/₂ tasse)	Beurre
200 g (³/₄ tasse)	Cassonade
435 g (2 tasses)	Sucre
165 ml (²/₃ tasse)	Lait 3,25 %
165 ml (²/₃ tasse)	Crème
2 c. à soupe	Chocolat blanc

❶ Dans une casserole, mettre tous les ingrédients, sauf le chocolat blanc. Cuire à 110 °C (225 °F). ❷ Laisser refroidir jusqu'à 90 °C (195 °F), ajouter le chocolat blanc et battre 5 minutes, jusqu'à ce que le mélange épaississe, mais qu'il reste liquide. ❸ Mettre du papier parchemin ou du papier d'aluminium huilé dans un moule en aluminium de 15 x 20 cm (6 x 8 po). Y verser le mélange et laisser refroidir complètement. ❹ Placer le moule au congélateur pour en faciliter le découpage. ❺ Démouler le sucre à la crème sur une planche à découper, couper les bords pour avoir un rectangle régulier, puis découper 24 carrés à l'aide d'un couteau.

Décoration

Mettre un peu de chocolat noir fondu sur le gâteau pour faire tenir le cube de sucre à la crème. Décorer de quelques traits de chocolat, puis saupoudrer de flocons de sucre d'érable.

Conseils

Le sucre à la crème est très capricieux. Quand il est cuit à une température trop élevée ou qu'il est mélangé trop longtemps, la consistance du produit fini n'est pas la même.

S'il est trop mou :

* *Vous n'avez pas atteint les 110 °C (225 °F).*

* *Vous n'avez pas refroidi jusqu'à 90 °C (195 °F) avant de le battre.*

* *Vous ne l'avez pas assez mélangé avant de le verser dans le moule.*

S'il est dur et cassant, une des situations inverses s'est produite.

Cupcakes à la crème sure

🧁 12

🥣 1 h

♨ 20-25 min

5	Œufs moyens
285 g (1 ⅓ tasse)	Sucre
200 g (1 ½ tasse)	Farine
1 ½ c. à café/à thé	Levure chimique (poudre à pâte)
½ c. à café/à thé	Sel
180 g (¾ tasse)	Crème sure ou crème aigre
60 ml (¼ tasse)	Huile
	Quelques framboises

❶ Préchauffer le four à 190 °C (375 °F). Garnir un moule à muffins de petits moules en papier. ❷ Dans un grand bol, fouetter les œufs et le sucre. Quand le mélange est bien monté, incorporer les ingrédients secs tamisés, puis la crème sure et l'huile. ❸ Remplir les moules aux ¾ de pâte, puis ajouter quelques framboises avant de mettre au four. ❹ Cuire au four de 20 à 25 minutes.

Conseil

Dans cette recette, vous pouvez remplacer les framboises par des bleuets, et la crème sure par du yogourt nature.

Glaçage au chocolat blanc

150 g (1 tasse)	Beurre mou
310 g (2 tasses)	Sucre à glacer
150 g (1 tasse)	Chocolat blanc, en pastilles, fondu
1 c. à soupe	Lait 3,25 %

❶ Dans un bol, battre ensemble le beurre et le sucre. Ajouter le chocolat fondu, puis le lait. Battre pendant au moins 5 minutes jusqu'à ce que la texture soit légère, mais que le mélange se tienne bien. Si le glaçage est trop mou, procéder comme pour le Glaçage à la vanille (voir p. 18).

Décoration

Mettre quelques framboises au congélateur. Quand elles sont bien congelées, les écraser pour les réduire en petits morceaux et les garder au congélateur. À l'aide d'une douille lisse, faire une boule avec le glaçage. Tremper le glaçage dans les morceaux de framboise et faire des lignes de chocolat noir fondu sur le dessus. Servir aussitôt.

Cupcakes aux carottes

12
1 h
25-30 min

60 g (1/3 tasse)	Beurre mou
390 g (1 3/4 tasse)	Sucre
60 ml (1/4 tasse)	Huile végétale
3	Gros œufs
1 c. à café/à thé	Essence de vanille
250 g (1 3/4 tasse)	Farine
2 pincées	Sel
2 c. à café/à thé	Bicarbonate de soude
1 pointe de couteau	Cannelle en poudre
1 pointe de couteau	Muscade en poudre
390 g (4 tasses)	Carottes râpées

❶ Préchauffer le four à 190 °C (375 °F). Garnir un moule à muffins de petits moules en papier. ❷ Dans un bol, mélanger le beurre, le sucre et l'huile sans monter l'appareil. Ajouter les œufs et la vanille, toujours sans monter. ❸ Tamiser les ingrédients secs, puis les ajouter au mélange précédent. Bien battre la pâte, puis incorporer les carottes râpées. ❹ Remplir les moules presque jusqu'en haut. ❺ Cuire au four de 25 à 30 minutes.

Glaçage au fromage à la crème

540 g (3 1/2 tasses)	Sucre à glacer
250 g (1 tasse)	Fromage à la crème
125 g (3/4 tasse)	Beurre mou

❶ Mélanger énergiquement le sucre à glacer et le fromage, puis incorporer le beurre. ❷ Bien monter l'appareil au fouet ou au batteur électrique.

Décoration

Utiliser une douille lisse et couvrir presque tout le gâteau de glaçage, saupoudrer de cannelle, puis ajouter quelques carottes râpées sur le dessus.

Conseil

Râpez les carottes en premier, mettez-les au réfrigérateur, puis incorporez-les froides au mélange. Vous obtiendrez ainsi une pâte plus ferme.

Cupcakes à la noix de coco

12

1 h

20-25 min

175 g (³/₄ tasse)	Beurre mou
170 g (³/₄ tasse)	Sucre
6	Œufs moyens
275 g (2 tasses)	Farine
2 c. à café/à thé	Levure chimique (poudre à pâte)
¹/₂ c. à café/à thé	Sel
70 ml (¹/₄ tasse)	Lait de coco
125 ml (¹/₂ tasse)	Babeurre
140 g (2 tasses)	Noix de coco râpée, sucrée

① Préchauffer le four à 190 °C (375 °F). Garnir un moule à muffins de petits moules en papier. ② Dans un bol, blanchir le beurre avec le sucre, puis ajouter les œufs un à un. Quand tous les œufs seront incorporés, la pâte sera liquide et ne sera pas homogène. Ajouter les ingrédients secs tamisés et elle redeviendra ferme. Ajouter ensuite les liquides, puis la noix de coco. Bien battre la pâte jusqu'à ce qu'elle soit homogène. ③ Remplir les moules aux ³/₄ de pâte et cuire au four de 20 à 25 minutes.

Glaçage à la noix de coco

150 g (³/₄ tasse)	Beurre mou
425 g (2 ³/₄ tasses)	Sucre à glacer
1 c. à café/à thé	Essence de vanille
65 ml (¹/₄ tasse)	Lait de coco
85 g (1 ¹/₄ tasse)	Noix de coco râpée, sucrée

① Dans un bol, battre le beurre et le sucre, ajouter les liquides et monter le glaçage pendant 5 minutes à l'aide d'une spatule en bois. Ajouter ensuite la noix de coco et mélanger.

Décoration

Colorer de la noix de coco en bleu ou d'une autre couleur, au choix. Mettre une grosse cuillerée de glaçage sur le gâteau, puis rouler le tout dans la noix de coco.

Conseil

Vous trouverez dans
le commerce de la noix de
coco non sucrée et de la noix
de coco sucrée, râpées plus
ou moins finement. Dans
cette recette, il est préférable
d'utiliser de la noix de coco
sucrée, en filaments. Si vous
trouvez seulement de la noix
de coco non sucrée, il faut
mettre un peu plus de sucre.
Mettez alors 200 g (1 tasse)
de sucre et 110 g (1 ¹/₂ tasse)
de noix de coco râpée, non
sucrée dans le gâteau et
440 g (3 tasses) de sucre à
glacer et 70 g (1 tasse) de
noix de coco râpée, non
sucrée dans le glaçage.

Cupcakes aux agrumes

🧁 12

🥣 1 h

♨ 20-25 min

3 c. à soupe	Babeurre
90 ml (¹/₃ tasse)	Crème 35 %
2 c. à soupe	Zestes d'orange, de citron jaune ou vert
90 g (¹/₃ tasse)	Beurre
290 g (1 ¹/₃ tasse)	Sucre
4	Gros œufs
230 g (1 ²/₃ tasse)	Farine
¹/₂ c. à café/à thé	Bicarbonate de soude
1 ¹/₂ c. à café/à thé	Levure chimique (poudre à pâte)
¹/₂ c. à café/à thé	Sel

❶ Préchauffer le four à 190 °C (375 °F). Garnir un moule à muffins de petits moules en papier. ❷ Dans une casserole, chauffer le babeurre et la crème. Y laisser infuser les zestes de 15 à 20 minutes. Laisser tiédir. ❸ Dans un bol, blanchir le beurre avec le sucre, puis incorporer les œufs un à un. Ajouter les ingrédients secs préalablement tamisés. Ajouter ensuite délicatement le liquide tiède et bien battre la pâte. ❹ Laisser reposer la pâte au réfrigérateur pendant 1 heure et cuire au four de 20 à 25 minutes.

Glaçage aux agrumes

Ce glaçage est une meringue italienne montée au beurre.

3 ¹/₂ c. à soupe	Eau
200 g (1 tasse)	Sucre
3 ou 4	Gros blancs d'œufs
180 g (1 tasse)	Beurre froid
10 à 15 gouttes	Extrait d'agrumes
	Colorant orange

❶ Dans une petite casserole, mettre l'eau et 180 g (³/₄ tasse) de sucre. Chauffer jusqu'à 125 °C (255 °F). ❷ Dans un bol, à l'aide d'un batteur électrique ou d'un batteur sur socle, monter les blancs avec le sucre qui reste à vitesse moyenne. Lorsque le sucre est à la température désirée, le verser en filet sur les blancs en continuant de fouetter. Quand tout le sucre est incorporé, fouetter à pleine vitesse. ❸ Quand la meringue est tiède, ajouter le beurre en petits cubes et monter le mélange pour qu'il soit homogène, qu'il ait une texture souple, mais qu'il se tienne bien. Ajouter enfin l'extrait d'agrumes et le colorant.

Décoration

Utiliser une douille cannelée ou décorer le gâteau à l'aide d'une cuillère. Ajouter quelques zestes confits.

Conseils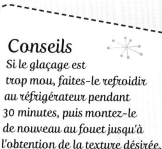

Si le glaçage est
trop mou, faites-le refroidir
au réfrigérateur pendant
30 minutes, puis montez-le
de nouveau au fouet jusqu'à
l'obtention de la texture désirée.

Si le glaçage se sépare, n'hésitez
pas à le chauffer légèrement en
le fouettant, il reprendra sa
texture homogène.

Dans cette recette, vous pouvez
utiliser tous les agrumes et extraits
naturels d'agrumes que vous
souhaitez.

Pour les zestes, utilisez une râpe
très fine vendue à cet effet dans le
commerce. Ou prélevez des écorces
d'agrumes à l'aide d'un épluche-
légumes, puis coupez-les finement
avec un couteau.

Si vous utilisez la dernière
technique, prenez soin d'enlever la
partie blanche au dos de l'écorce,
qui est très amère, en grattant avec
le dos d'un couteau.

Cupcakes au café

🧁 12

🥣 1 h

♨ 20-25 min

Gâteau au café

125 g (½ tasse)	Lait 3,25 %
4 c. à soupe	Café instantané
120 g (¾ tasse)	Beurre mou
190 g (1 tasse)	Sucre
2	Gros œufs
290 g (2 tasses)	Farine
1 c. à café/à thé, rase	Cacao en poudre
2 ½ c. à café/à thé	Levure chimique (poudre à pâte)
½ c. à café/à thé	Sel
165 ml (²/₃ tasse)	Crème 35 %

❶ Préchauffer le four à 200 °C (400 °F). Garnir un moule à muffins de petits moules en papier. ❷ Dans une casserole, faire bouillir le lait, puis ajouter le café en poudre. Bien mélanger. Réserver. ❸ Dans un grand bol, blanchir le beurre avec le sucre, ajouter les œufs et mélanger de nouveau. ❹ Tamiser ensemble tous les ingrédients secs, puis les incorporer délicatement au mélange précédent. Ajouter finalement le mélange de lait et la crème. Bien battre la pâte afin d'obtenir un produit homogène. ❺ Cuire au four de 20 à 25 minutes.

Glaçage au café

150 g (¾ tasse)	Beurre mou
420 g (2 ¾ tasses)	Sucre à glacer
3 c. à soupe délayées dans 3 c. à soupe d'eau chaude	Café instantané

❶ Dans un bol, mélanger tous les ingrédients ensemble pendant 5 minutes dans un batteur sur socle ou avec un batteur électrique pour obtenir une texture homogène.

Décoration

Quand le gâteau est refroidi et que le glaçage est prêt, faire une rosette avec une poche à pâtisserie munie d'une douille cannelée, puis ajouter un grain de café sur le dessus.

Conseils

Si vous avez une machine à expresso, remplacez le lait du mélange à gâteau par de l'expresso court et délayez-y le café en poudre, mais utilisez-en seulement 1 ½ c. à soupe. Même chose pour le glaçage, remplacez l'eau par l'équivalent d'un expresso court. N'utilisez pas de café filtre, car le goût de café ne serait pas assez prononcé.

Les quantités de café peuvent être augmentées ou diminuées, au goût.

Cupcakes tarte au citron

🧁 12

🍮 2 h

♨ 15 min

Pâte sucrée

3 c. à soupe	Sucre à glacer
45 g (¼ tasse)	Beurre mou
1 c. à soupe	Œuf battu à la fourchette
Une pincée	Sel
75 g (½ tasse)	Farine

❶ Préchauffer le four à 180 °C (350 °F).
❷ Dans un bol, mélanger le sucre à glacer et le beurre jusqu'à ce que le mélange soit bien crémeux, incorporer l'œuf et le sel, puis la farine tamisée. Mélanger la pâte seulement jusqu'à ce que les ingrédients soient incorporés. ❸ Faire un boudin de 4 à 5 cm (1 ½ à 2 po) de diamètre, le recouvrir d'une pellicule plastique et laisser reposer au réfrigérateur pendant au moins 2 heures.
❹ Quand le boudin est froid, le couper en 12 morceaux égaux et les déposer sur une plaque à pâtisserie couverte de papier parchemin. Cuire au four pendant 15 minutes. Les fonds de pâte sucrée doivent être légèrement colorés. Ne pas trop les cuire, car ils iront au four une deuxième fois avec le gâteau. ❺ À la sortie du four, les laisser refroidir sur une grille.

Pâte à gâteau de base

65 g (⅓ tasse)	Beurre mou
65 ml (¼ tasse)	Huile
190 g (1 tasse)	Sucre
2	Œufs moyens
250 g (1 ¾ tasse)	Farine
2 c. à café/à thé	Levure chimique (poudre à pâte)
2 pincées	Sel
80 ml (⅓ tasse)	Crème 35 %
250 ml (1 tasse)	Lait 3,25 %

❶ Préchauffer le four à 190 °C (375 °F). Garnir un moule à muffins de petits moules en papier. ❷ Blanchir le beurre, l'huile et le sucre dans un grand bol. Incorporer les œufs un à un, puis ajouter les ingrédients secs tamisés. Incorporer ensuite délicatement les liquides et battre énergiquement la pâte. ❸ Dans les moules en papier, déposer un morceau de pâte sucrée cuite (si le biscuit est trop grand, le casser, ça ne changera rien au résultat) et remplir le moule aux ¾ de pâte à gâteau. ❹ Cuire au four de 20 à 25 minutes. ❺ À la sortie du four, insérer un carré de crème citron congelée au centre de chaque gâteau.

(Suite à la p. 40)

Cupcakes tarte au citron (suite)

Crème citron

Cette crème doit être faite la veille.

125 ml (¹/₂ tasse)	Jus de citron
	Zeste de ¹/₄ citron
80 g (¹/₃ tasse)	Sucre
3	Œufs moyens battus
75 g (¹/₃ tasse)	Beurre

❶ Dans une casserole, faire bouillir le jus de citron, le zeste et le sucre. ❷ Hors du feu, incorporer les œufs en fouettant vivement pour que le mélange soit homogène. Remettre à feu moyen et faire bouillir pendant quelques secondes. Filtrer immédiatement le tout dans un bol à l'aide d'une passoire fine. ❸ Déposer une pellicule plastique sur la crème citron et mettre au réfrigérateur pendant 1 heure. ❹ Lorsque le mélange est tiède, incorporer le beurre au fouet ou au batteur à main. Vérifier qu'il ne reste pas de morceaux de beurre dans le mélange. ❺ Verser la crème citron dans un moule à fond plat de 10 x 15 cm (4 x 6 po), couvrir d'une pellicule plastique et mettre au congélateur. ❻ Le lendemain, démouler la crème citron sur une planche à découper et couper 12 morceaux. Garder au congélateur.

Meringue italienne

3	Blancs d'œufs moyens
150 g (³/₄ tasse)	Sucre
3 c. à soupe	Eau

❶ Dans un bol, monter les blancs d'œufs et 1 ¹/₂ c. à soupe de sucre à vitesse moyenne avec un batteur électrique ou dans un batteur sur socle. ❷ Mettre le reste du sucre et l'eau dans une petite casserole et chauffer jusqu'à 125 °C (255 °F). Lorsque le sirop est à la bonne température, le verser en filet sur les blancs en continuant de fouetter. Augmenter la vitesse du batteur quand tout le sirop est incorporé et fouetter pendant 5 minutes. Revenir ensuite à vitesse moyenne jusqu'à ce que la meringue soit complètement froide. ❸ Pour que la meringue garde son aspect lisse, elle doit être utilisée rapidement après l'arrêt du fouettage.

Décoration

Laisser les gâteaux dans les moules de cuisson avec la crème citron, faire une rosace avec la meringue italienne à l'aide d'une poche à pâtisserie munie d'une grosse douille lisse. Remettre au four pendant 3 minutes pour que la meringue se colore légèrement. Démouler les gâteaux avec un couteau.

Conseil

Cette crème citron est semblable à celles que l'on sert dans les grandes brasseries. Vous pouvez donc l'utiliser individuellement avec des fruits rouges ou dans un fond de tarte.

Cupcakes fondants

🧁 12

🍰 1 h

♨ 15-20 min

180 g (³/₄ tasse)	Beurre
195 g (1 ¹/₃ tasse)	Chocolat noir, 64 à 72 %, en pastilles
5	Gros œufs
4	Gros jaunes d'œufs
130 g (²/₃ tasse)	Sucre
85 g (²/₃ tasse)	Farine
³/₄ c. à café/à thé	Levure chimique (poudre à pâte)
¹/₄ c. à café/à thé	Sel

❶ Préchauffer le four à 200 °C (400 °F). Garnir un moule à muffins de petits moules en papier. ❷ Chauffer le beurre dans une casserole, puis le verser sur le chocolat. Bien mélanger et garder tiède. Réserver. ❸ Dans un bol, fouetter les œufs, les jaunes et le sucre seulement jusqu'à ce que le sucre soit fondu. Ajouter ce mélange au mélange précédent et bien battre la pâte. ❹ Prendre le ¹/₄ de ce mélange, puis y incorporer les ingrédients secs tamisés. Mélanger tout ensemble. ❺ Remplir les moules aux ²/₃ et les mettre au four de 15 à 20 minutes. Quand le mélange est encore un peu liquide au centre, retirer du four et déposer un autre moule à cuisson semblable sur le dessus. Appuyer légèrement sur le moule pour aplatir chaque gâteau. Mettre au réfrigérateur pendant 1 heure avant de mettre la ganache.

Ganache au chocolat

125 ml (¹/₂ tasse)	Lait
1 ¹/₂ c. à soupe	Sirop de maïs
140 g (1 tasse)	Chocolat noir, en pastilles

❶ Dans une casserole, faire bouillir le lait avec le sirop de maïs, puis verser sur le chocolat. Fouetter doucement par ronds concentriques sans incorporer d'air. Laisser tiédir la ganache sans la laisser épaissir.

Décoration

Verser la ganache liquide sur le gâteau froid, puis remettre au réfrigérateur. Démouler à l'aide d'un couteau et décorer d'une pastille de chocolat blanc.

Conseil

Cette pâte à gâteau peut être mangée mi-cuite comme un moelleux au chocolat ou être cuite entièrement et devenir un riche gâteau au chocolat.

Cupcakes Red Velvet

Ce gâteau est un grand classique américain.

🧁 12

🍰 1 h

♨ 20-25 min

110 g (½ tasse)	Beurre
280 g (1 ⅓ tasse)	Sucre
2	Gros œufs
1 c. à café/à thé	Essence de vanille
260 g (1 ¾ tasse)	Farine
¾ c. à café/à thé	Sel
1 c. à café/à thé	Bicarbonate de soude
1 c. à café/à thé	Levure chimique (poudre à pâte)
2 c. à soupe	Cacao en poudre non sucré
140 ml (⅔ tasse)	Babeurre
120 ml (½ tasse)	Lait 3,25 %
1 c. à café/à thé	Colorant rouge en gel

❶ Préchauffer le four à 200 °C (400 °F). Garnir un moule à muffins de petits moules en papier. ❷ Dans un bol, blanchir le beurre avec le sucre, ajouter les œufs et la vanille, puis incorporer les ingrédients secs tamisés et les liquides. En utilisant la pointe d'un couteau, incorporer le colorant en gel par petites quantités. ❸ Remplir les moules aux ¾ de pâte et cuire au four de 20 à 25 minutes.

Ganache au chocolat blanc

80 ml (⅓ tasse)	Crème 35 %
300 g (2 tasses)	Chocolat blanc, en pastilles, fondu

❶ Faire bouillir la crème, la verser sur le chocolat fondu, puis mélanger au fouet ou à la spatule sans incorporer d'air. Laisser refroidir pendant 30 minutes au réfrigérateur sans laisser durcir.

Décoration

La ganache doit avoir une texture onctueuse. Si elle est trop dure, la chauffer dans un bain-marie ou au micro-ondes, par petites périodes de temps. Déposer une cuillerée de ganache sur le gâteau et décorer de fruits rouges ou d'une bille argent en sucre.

Conseil

Utilisez un colorant concentré en gel, un colorant liquide contient trop d'eau. La pâte doit être rouge.

Cupcakes aux pommes caramélisées et meringue à l'érable

12

1 ½ h

1h10-1h15

Gâteau

Utilisez la recette du Gâteau à la vanille, p. 18 ou de la Pâte à gâteau de base, p. 38.

Pommes caramélisées

3	Pommes de type Cortland ou McIntosh
80 g (⅓ tasse)	Sucre
3 c. à soupe	Beurre
Une pincée	Sel

❶ Éplucher les pommes, enlever le cœur, puis les couper en gros cubes. Les mettre dans un plat à cuisson à bord élevé et préchauffer le four à 180 °C (350 °F). ❷ Faire un caramel à sec en mettant le sucre dans une casserole assez grande. Chauffer jusqu'à ce qu'il caramélise en le mélangeant doucement avec une cuillère en bois. Cette opération peut être dangereuse, il faut donc prendre quelques précautions, car lorsque le sucre sera prêt, il aura atteint environ 160 °C (325 °F). Il est donc prudent d'utiliser des gants à vaisselle pour se protéger des éclaboussures. ❸ Quand le sucre est foncé et mousseux, ajouter le beurre. Encore une fois, attention aux éclaboussures. Laisser fondre le beurre, puis, à l'aide d'un fouet, l'incorporer au caramel. Ajouter le sel et remettre à feu moyen pour faire fondre tout le caramel et obtenir un mélange homogène. ❹ Verser sur les pommes et mettre au four pendant 45 minutes. Mélanger 2 ou 3 fois pendant la cuisson. ❺ Quand les pommes sont cuites, les laisser refroidir pendant 1 heure à la température de la pièce et les conserver au réfrigérateur dans un récipient hermétique. ❻ Remplir les moules de pâte jusqu'aux ⅔ et mettre une bonne cuillerée de pommes caramélisées au centre. ❼ Cuire au four de 25 à 30 minutes à 190 °C (375 °F).

Meringue à l'érable

4	Blancs d'œufs moyens
2 c. à soupe	Sucre
125 ml (½ tasse)	Sirop d'érable pur
1 ½ c. à soupe	Sucre d'érable

❶ Monter les blancs d'œufs et le sucre à vitesse moyenne à l'aide d'un batteur électrique ou dans un batteur sur socle. ❷ Mettre le sirop et le sucre d'érable dans une petite casserole et chauffer jusqu'à 110 °C (225 °F). Lorsque le sucre est à la bonne température, le verser en filet sur les blancs en continuant de fouetter. Augmenter la vitesse quand tout le sucre cuit est incorporé et fouetter pendant 5 minutes, puis remettre à vitesse moyenne jusqu'à ce que la meringue soit complètement froide. ❸ La meringue doit être utilisée rapidement après le fouettage pour garder son aspect lisse.

Décoration

Quand la meringue sera refroidie, la mettre dans une poche à pâtisserie munie d'une grosse douille lisse et faire une grosse boule sur le gâteau. Colorer la meringue légèrement à l'aide d'un chalumeau, puis la parsemer de sucre d'érable.

Conseils

Choisissez des pommes qui gardent une bonne tenue à la cuisson. Elles ne doivent pas trop cuire, car elles se transformeraient en compote, il est plus intéressant d'avoir des morceaux de pommes.

Utilisez de préférence un sirop d'érable ambré ou foncé qui aura un goût plus concentré.

Si vous n'avez pas de sucre d'érable, utilisez du sucre ordinaire, la saveur d'érable sera alors un peu atténuée.

Cupcakes brownies aux noisettes, sauce choco-café

12

1 h

20-25 min

180 g (1 ⅓ tasse)	Noisettes
100 g (¾ tasse)	Farine
20 g (¼ tasse)	Cacao en poudre
225 g (1 tasse)	Beurre
150 g (1 tasse)	Chocolat noir 70 %, en pastilles
4	Œufs moyens
270 g (1 ¼ tasse)	Sucre

❶ Déposer les noisettes sur une plaque à pâtisserie. Les torréfier en les mettant au four à 150 °C (300 °F) pendant 25 minutes pour en extraire les saveurs. Les laisser refroidir, les écraser grossièrement, puis les mélanger avec la farine et le cacao. ❷ Préchauffer le four à 180 °C (350 °F). Garnir un moule à muffins de petits moules en papier. ❸ Dans un bain-marie, faire fondre le beurre et le chocolat ensemble. Réserver. ❹ Dans un bol, battre les œufs et le sucre à la fourchette sans les monter, puis y verser le mélange beurre-chocolat. Incorporer délicatement la farine, le cacao et les noisettes à l'aide d'une spatule en bois. ❺ Remplir les moules aux ⅔ de pâte et cuire au four de 20 à 25 minutes.

Sauce choco-café

125 ml (½ tasse)	Crème 35 %
125 g (1 tasse)	Chocolat 70 %, en pastilles
80 ml (⅓ tasse)	Eau
70 g (⅓ tasse)	Sucre
2 c. à soupe	Crème 35 %
30 g (⅓ tasse)	Cacao en poudre
1 c. à soupe	Café en poudre

❶ Procéder comme pour une ganache. Dans une casserole, faire bouillir la crème et la verser sur le chocolat. Laisser fondre le chocolat pendant quelques minutes, puis mélanger délicatement. ❷ Dans une autre casserole, faire bouillir l'eau et le sucre, ajouter la crème, le cacao et le café, puis faire bouillir de nouveau pendant 1 minute. ❸ Mélanger ensemble la ganache et le sirop, puis passer le tout dans une passoire fine. ❹ Laisser refroidir au réfrigérateur.

Décoration

Placer les brownies dans une assiette, puis les couvrir de sauce. Déposer sur chaque brownie une noisette caramélisée.

Conseil

Pour réchauffer la sauce,
mettez-la dans un bain-marie ou, par
petites périodes, au micro-ondes. Elle
doit être liquide, mais pas trop chaude.

Cupcakes tarte aux pacanes, glace à la vanille et sauce au caramel

12

2 h

25-30 min

Gâteau

Utilisez une recette de Pâte sucrée et une demi-recette de Pâte à gâteau de base, p. 38

Appareil à tarte aux pacanes

3	Gros œufs
75 g (1/3 tasse)	Sucre
75 g (1/3 tasse)	Cassonade
80 ml (1/3 tasse)	Sirop d'érable
100 g (1/3 tasse)	Sirop de maïs
80 g (1/3 tasse)	Beurre
	Pacanes

❶ Faire à l'avance la Pâte sucrée et le Mélange à gâteau de base. ❷ Dans un bol, fouetter les œufs, le sucre et la cassonade pour les rendre mousseux, sans trop les monter. ❸ Dans une casserole, faire fondre ensemble les sirops et le beurre. Quand ils sont tièdes, les ajouter au mélange précédent. ❹ Comme cet appareil a tendance à se séparer, bien le mélanger avant de le mettre dans les moules. ❺ Mettre les biscuits au fond du moule et verser de la pâte de base jusqu'à la moitié du moule. Cuire au four à 190 °C (375 °F) pendant 15 minutes, jusqu'à ce qu'une croûte se forme sur le dessus, puis sortir le moule du four. ❻ Ajouter des pacanes pour couvrir entièrement les gâteaux, puis verser l'appareil à tarte aux pacanes presque jusqu'en haut du moule.

❼ Remettre au four et cuire de 10 à 15 minutes. ❽ À la sortie du four, démouler les gâteaux.

Sauce au caramel

200 g (1 tasse)	Sucre
300 ml (1 1/4 tasse)	Crème 35 %

❶ Faire un caramel à sec en mettant le sucre dans une casserole assez grande. Chauffer jusqu'à ce qu'il caramélise en le mélangeant doucement avec une cuillère en bois. Cette opération peut être dangereuse, il faut donc prendre quelques précautions, car lorsque le sucre sera prêt, il aura atteint environ 160 °C (325 °F). Il est donc prudent d'utiliser des gants à vaisselle pour se protéger des éclaboussures. ❷ Déglacer avec la crème épaisse chaude, puis faire bouillir 1 minute. ❸ Réserver au réfrigérateur.

Décoration

Déposer un cupcake dans une assiette, puis y mettre une boule d'une bonne glace vanille. Y verser ensuite la sauce au caramel et parsemer d'éclats de pacanes.

Conseil
Servez ce cupcake tiède.

Cupcakes cheesecake et cerises

🧁 12

🍮 1 h

♨ 45-55 min

Crumble aux amandes

40 g (¼ tasse)	Beurre mou
50 g (⅓ tasse)	Sucre à glacer
50 g (⅓ tasse)	Farine
40 g (⅓ tasse)	Poudre d'amande
Une pincée	Sel

❶ Préchauffer le four à 150 °C (300 °F).
❷ Mélanger tous les ingrédients, les étaler sur une plaque à pâtisserie et cuire 15 minutes.
❸ Réserver dans un récipient hermétique.

Appareil à cheesecake

245 g (1 tasse)	Fromage à la crème
60 ml (¼ tasse)	Crème 35 %
2 c. à soupe	Jus de citron
75 g (⅓ tasse)	Sucre
2	Œufs

❶ Préchauffer le four à 120 °C (250 °F). Garnir un moule à muffins de moules en papier.
❷ Sortir le fromage à la crème du frigo 30 minutes avant l'utilisation pour le ramollir.
❸ À l'aide d'un fouet, détendre le fromage avec la crème et le jus de citron. ❹ Dans un bol, à l'aide d'un fouet, faire fondre le sucre avec les œufs, puis réunir les 2 mélanges.
❺ Mettre du crumble au fond du moule et l'aplatir avec les doigts. Remplir le moule aux ¾ et cuire de 30 à 40 minutes.

Confiture de cerises

125 ml (½ tasse)	Eau
350 g (1 ⅔ tasse)	Sucre
500 g (2 ½ tasses)	Cerises lavées et dénoyautées
2 c. à soupe	Jus de citron

❶ Couper les cerises en 2. ❷ Faire un sirop avec l'eau et le sucre. Cuire jusqu'à 115 °C (240 °F), puis ajouter les cerises et le jus de citron. Faire bouillir de nouveau et cuire de 45 minutes à 1 heure. Les cerises doivent être translucides et le jus épais. ❸ Vérifier la consistance de la confiture en en déposant un peu sur une assiette froide. ❹ Conserver au réfrigérateur.

Décoration

Mettre de la confiture de cerises sur le gâteau.

Conseil

Si vous voulez faire le classique
New York Cheesecake, utilisez des
biscuits Graham au lieu du crumble
et placez de grosses fraises nappées
de glaçage rouge.

Cupcakes chantilly et fruits rouges

12

1-1 ¼ h

20-25 min

Génoise

4	Gros œufs
125 g (½ tasse)	Sucre
125 g (1 tasse)	Farine
½ c. à café/à thé	Levure chimique (poudre à pâte)
3 ½ c. à soupe	Beurre fondu

❶ Préchauffer le four à 190 °C (375 °F). Garnir un moule à muffins de petits moules en papier. ❷ Mettre les œufs et le sucre dans un bain-marie. Chauffer en fouettant jusqu'à ce que la température atteigne 50 °C (120 °F), le mélange doit être chaud pour le doigt. Verser le mélange dans un bol et le faire refroidir en continuant de fouetter jusqu'à ce qu'il soit bien monté. ❸ Incorporer délicatement la farine tamisée avec la levure, puis le beurre fondu. ❹ Remplir les moules à la moitié et cuire au four de 20 à 25 minutes. ❺ À la sortie du four, démouler.

Coulis de framboises

200 g (1 ⅔ tasse)	Framboises fraîches ou surgelées
3 c. à soupe	Miel
125 ml (½ tasse)	Eau

❶ Dans une casserole, faire bouillir le tout pendant 3 minutes, mélanger et passer au chinois pour enlever une partie des graines. ❷ Conserver au réfrigérateur.

Chantilly

300 ml (1 ¼ tasse)	Crème à fouetter 35 %
2 c. à soupe	Sucre
1 c. à café/à thé	Essence de vanille

❶ Dans un bol, fouetter tous les ingrédients ensemble afin d'obtenir une chantilly ferme.

Décoration

Déposer une cuillerée de coulis sur le gâteau pour l'imbiber. À l'aide d'une poche à pâtisserie ou d'une cuillère, mettre ensuite un peu de chantilly et décorer de fruits rouges, au goût. Saupoudrer légèrement de sucre à glacer.

Conseil

Utilisez des fruits de saison. L'été, vous pouvez choisir des fruits rouges et l'hiver, des fruits exotiques.

Cupcakes marbrés

Voici la recette de ma grand-mère Pascaline.

🧁 12

🍰 1 ¼ h

♨ 20-25 min

4	Œufs moyens
200 g (1 tasse)	Sucre
125 g (½ tasse)	Beurre
60 ml (¼ tasse)	Lait 3,25 %
250 g (1 ¾ tasse)	Farine
2 c. à café (2 c. à thé)	Levure chimique (poudre à pâte)
1 c. à soupe	Vanille naturelle
4 ½ c. à soupe	Cacao en poudre

❶ Préchauffer le four à 190 °C (375 °F). Garnir un moule à muffins de petits moules en papier. ❷ Séparer les blancs des jaunes. Réserver. ❸ Dans un bol, à l'aide d'un fouet, mélanger vigoureusement 160 g (¾ tasse) de sucre avec le beurre fondu. Ajouter les jaunes d'œufs, le lait, puis la farine et la levure. ❹ Dans un autre bol, battre les blancs en neige ferme avec le reste du sucre, puis les incorporer délicatement à la pâte. ❺ Diviser la pâte en 2. En parfumer une partie à la vanille et l'autre au cacao. ❻ Verser de la pâte jusqu'aux ¾ dans chacun des moules, en mettant les 2 pâtes en alternance à l'aide d'une cuillère. ❼ Cuire au four de 20 à 25 minutes.

Glaçage marbré

❶ Pour obtenir un effet marbré, utiliser le Glaçage à la vanille (voir p. 18) et le Glaçage au chocolat, (voir p. 20). Mettre les glaçages en alternance dans une poche à pâtisserie, puis en décorer les gâteaux.

Conseil

Pour éviter de perdre trop de volume, incorporez la vanille et le cacao avant les blancs d'œufs, puis séparez les blancs montés en 2 et incorporez-les aux 2 pâtes.

Cupcakes matin

🧁 12

45 min

〰 20-25 min

Quatre-quarts

6	Gros œufs
240 g (1 ¼ tasse)	Sucre
240 g (1 tasse)	Beurre
240 g (1 ¾ tasse)	Farine
120 ml (½ tasse)	Lait 3,25 %
2 pincées	Sel

❶ Préchauffer le four à 190 °C (375 °F). Garnir un moule à muffins de petits moules en papier. ❷ Dans un bol, blanchir les œufs avec le sucre. Ajouter le beurre ramolli et bien fouetter. ❸ Ajouter la farine et le sel et bien mélanger. ❹ Incorporer ensuite le lait. ❺ Remplir les moules aux ¾ de pâte et cuire au four de 20 à 25 minutes.

Conseil
Utilisez la recette de muesli comme base pour faire votre propre mélange.

Muesli maison

100 g (1 tasse)	Flocons d'avoine
3 c. à soupe	Graines de courge
4 c. à café/à thé	Graines de sésame
1 ½ c. à soupe	Pacanes
3 c. à soupe	Pistaches
2 c. à soupe	Miel ou sirop d'érable
1 c. à soupe	Sucre de canne
25 g (¼ tasse)	Canneberges séchées
2 ½ c. à soupe	Abricots séchés

❶ Torréfier les graines et les noix au four à 150 °C (300 °F) pendant 10 minutes. ❷ Dans une poêle, faire bouillir le miel et le sucre, puis ajouter le mélange précédent. Cuire pendant 5 minutes jusqu'à l'obtention d'une belle couleur dorée. ❸ Étaler le mélange dans une plaque à pâtisserie et laisser refroidir. ❹ Ajouter ensuite les canneberges et les abricots coupés en lanières, bien mélanger et conserver dans une boîte hermétique.

Décoration

Utiliser un yogourt de bonne qualité, en mettre 2 c. à soupe sur le gâteau, puis ajouter le muesli et une julienne de pommes.

Les inusités

Cupcakes végétaliens au chocolat et aux poires pochées

12

1 ¼ h

20-25 min

Gâteau au chocolat végétalien

200 ml (³/₄ tasse)	Boisson de soya
100 g (³/₄ tasse)	Chocolat noir 70 %, en pastilles
50 g (¹/₃ tasse)	Tapioca ou fécule de manioc
225 g (1 tasse)	Sucre
6 ¹/₂ c. à soupe	Crème de soya
100 g (1 ¹/₄ tasse)	Cacao en poudre
275 g (2 tasses)	Farine
1 ¹/₄ c. à café/à thé	Sel
4 c. à café/à thé	Levure chimique (poudre à pâte)
6 ¹/₂ c. à soupe	Huile
175 ml (³/₄ tasse)	Eau
2 c. à café/à thé	Vinaigre de vin blanc

❶ Préchauffer le four à 190 °C (375 °F). Garnir un moule à muffins de petits moules en papier. ❷ Dans un bol, faire une ganache avec la boisson de soya et le chocolat. Dans un autre bol, diluer le tapioca et le sucre dans la crème de soya. Tamiser les autres ingrédients secs dans un grand bol, y verser les 2 mélanges précédents et bien amalgamer le tout. Ajouter enfin les liquides qui restent et bien battre la pâte afin qu'elle soit lisse et homogène. ❸ Remplir les moules aux ³/₄ de pâte et cuire au four de 20 à 25 minutes.

Poires pochées au sirop léger

900 ml (3 ²/₃ tasses)	Eau
500 g (2 ¹/₂ tasses)	Sucre
1	Gousse de vanille fendue
1	Citron coupé en 4
6	Poires

❶ Dans une casserole, mettre l'eau, le sucre et la vanille. Chauffer le tout, puis ajouter le citron. ❷ Éplucher les poires, les couper en 2, puis enlever la tige et les pépins. Les plonger ensuite dans le sirop. ❸ Porter le tout à ébullition, couvrir d'une feuille de papier sulfurisé pour éviter que les poires ne noircissent au contact de l'air et cuire de 20 à 30 minutes. Quand on enfonce la pointe d'un couteau dans une poire, on doit sentir une légère résistance. Retirer du feu et laisser refroidir les poires dans le sirop.

Décoration

Remplir les moules aux ³/₄ de pâte, puis déposer sur chacun une demi-poire pochée, égouttée. Mettre au four à 190 °C (375 °F), de 20 à 25 minutes, les poires doivent être légèrement caramélisées. À la sortie du four, démouler et saupoudrer de sucre à glacer.

Conseil
Utilisez des poires qui se tiennent à la cuisson, comme la Rocha, la Bosc, la Bartlett ou autres.

Cupcakes au thé et aux canneberges

🧁 12

🍰 1 h

♨ 20-25 min

1 c. à café/à thé	Thé de type Earl Grey
6 ½ c. à soupe	Eau
70 g (½ tasse)	Canneberges séchées
240 ml (1 tasse)	Crème 35 %
110 g (¾ tasse)	Beurre mou
160 g (¾ tasse)	Sucre
2	Œufs moyens
215 g (1 ½ tasse)	Farine
2 c. à café/à thé	Levure chimique (poudre à pâte)
2 pincées	Sel

❶ Préchauffer le four à 200 °C (400 °F). Garnir un moule à muffins de petits moules en papier. ❷ Passer le thé dans un moulin à épices pour obtenir une poudre. ❸ Dans une casserole, mettre l'eau, le thé et les canneberges. Faire bouillir, puis stopper la cuisson en ajoutant la crème. Réserver. ❹ Dans un grand bol, blanchir le beurre avec le sucre, puis ajouter les œufs. Ajouter les ingrédients secs tamisés et finalement le mélange thé-canneberges. ❺ Laisser la pâte reposer au réfrigérateur pendant 2 heures, puis remplir les moules aux ⅔ de pâte. Cuire au four de 20 à 25 minutes. ❻ À la sortie du four, aplatir les gâteaux avec un moule de cuisson semblable et mettre au réfrigérateur.

Glaçage à la violette

300 à 400 g (¾ à 1 tasse)	Fondant pâtissier
3 c. à soupe	Eau
Quelques gouttes	Extrait de violette
Quelques gouttes	Colorant violet

❶ Dans un bol, mettre le fondant pâtissier, ajouter l'eau, l'extrait de violette et le colorant. ❷ Tiédir au micro-ondes pendant 1 minute à puissance moyenne. Bien mélanger, le glaçage doit avoir une consistance épaisse.

Décoration

Couvrir le gâteau de glaçage à l'aide d'une poche à pâtisserie munie d'une douille lisse fine, puis déposer au centre une canneberge séchée roulée dans le sucre à glacer.

Conseil

Si vous ne parvenez pas à trouver de fondant dans le commerce, demandez-en à votre pâtissier.

Cupcakes au chèvre et gelée de bleuets

12

1 h

20-25 min

Gâteau au chèvre

150 g (1/2 tasse)	Fromage de chèvre sans la croûte
3 c. à soupe	Lait
5	Œufs moyens
250 g (1 1/4 tasse)	Sucre
225 g (1 2/3 tasse)	Farine
2 c. à café/à thé	Levure chimique (poudre à pâte)
1/2 c. à café/à thé	Sel
75 ml (1/3 tasse)	Huile

❶ Préchauffer le four à 200 °C (400 °F). Garnir un moule à muffins de petits moules en papier. ❷ Émietter le fromage de chèvre dans un bol, chauffer le lait, puis le verser sur le fromage. Bien fouetter le tout pour obtenir une texture homogène. Le fromage sera alors plus souple. ❸ Dans un autre bol, fouetter les œufs et le sucre jusqu'à ce que le mélange soit mousseux, ajouter les ingrédients secs tamisés et bien mélanger. Incorporer le fromage et enfin l'huile, la pâte doit être souple et légère. ❹ Remplir les moules aux 2/3 de pâte et cuire au four de 20 à 25 minutes. À la sortie du four, aplatir les gâteaux à l'aide d'un autre moule à cuisson semblable pour pouvoir accueillir la gelée de bleuets. ❺ Mettre au réfrigérateur.

Gelée au miel et au vinaigre de vin blanc

1 c. à soupe	Sucre
1 1/2 c. à café/à thé	Agar-agar en poudre
1 1/2 c. à soupe	Miel
2 c. à soupe	Sucre
1 1/2 c. à soupe	Vinaigre de vin blanc
330 ml (1 1/3 tasse)	Eau
	Bleuets frais ou surgelés

❶ Dans un petit bol, mélanger 1 c. à soupe de sucre et l'agar-agar. Réserver. ❷ Dans une grande casserole, faire caraméliser le miel et le sucre. Quand la couleur est bien dorée, déglacer au vinaigre, puis ajouter l'eau. ❸ Faire bouillir le tout, puis ajouter le mélange sucre-agar-agar en fouettant. Faire bouillir de nouveau pendant 1 minute. ❹ Filtrer à l'aide d'une passoire fine.

Décoration

Sortir les gâteaux du réfrigérateur et les recouvrir de bleuets frais ou surgelés. Y verser délicatement la gelée chaude, puis remettre au réfrigérateur. Quand la gelée est prise, démouler avec un couteau.

Conseils

Pour cette recette, choisir un chèvre ferme, de type paillot ou bûchette, que l'on utilise généralement pour les chèvres chauds, ils sont plus savoureux. Avec un chèvre frais, vous n'obtiendriez pas autant de saveur.

L'agar-agar est un gélifiant naturel à base d'algues. Une fois gélifié, le produit semble ferme, mais il reste souple en bouche. Vous en trouverez dans certaines épiceries ou dans les marchés asiatiques sous forme de poudre ou de longs filaments.

Si vous choisissez les filaments, utilisez les mêmes quantités, mais faites-les ramollir pendant 15 minutes dans de l'eau glacée. Essorez-les ensuite, puis incorporez-les dans le liquide bouillant.

Vous pouvez utiliser n'importe quel vinaigre de vin blanc.

Cupcakes choco-gingembre et citronnelle

12

1 h

20-25 min

160 ml ($^2/_3$ tasse)	Lait 3,25 %
3 c. à soupe	Gingembre frais en tranches fines
100 g ($^3/_4$ tasse)	Chocolat noir, 64 à 72 %, en pastilles
200 g ($^3/_4$ tasse)	Beurre
310 g (1 $^1/_2$ tasse)	Sucre
2	Œufs moyens
250 g (1 $^3/_4$ tasse)	Farine
5 c. à café/à thé	Cacao en poudre non sucré
1 $^1/_2$ c. à café/à thé	Levure chimique (poudre à pâte)
$^3/_4$ c. à café/à thé	Sel
150 ml ($^2/_3$ tasse)	Lait 3,25 % tiédi

❶ Préchauffer le four à 190 °C (375 °F). Garnir un moule à muffins de moules en papier. ❷ Faire bouillir les 160 ml ($^2/_3$ tasse) de lait, retirer du feu et faire infuser le gingembre 15 minutes. Passer le lait au chinois, puis le chauffer de nouveau. Le verser sur le chocolat, laisser reposer 5 minutes et fouetter pour obtenir une ganache homogène. Réserver. ❸ Dans un bol, blanchir le beurre avec le sucre, puis ajouter les œufs un à un. ❹ Tamiser ensemble tous les produits secs et les incorporer délicatement au mélange beurre-sucre. Verser la ganache et enfin le lait qui reste. Mélanger de plus en plus vivement pour obtenir une pâte lisse. ❺ Cuire au four de 20 à 25 minutes.

Glaçage à la citronnelle

1	Bâton de citronnelle
170 g ($^3/_4$ tasse)	Beurre
470 g (3 tasses)	Sucre à glacer
3 c. à soupe	Lait 3,25 %

❶ Couper finement le bâton de citronnelle. Mettre les morceaux dans une casserole avec le beurre, à feu doux. Le beurre ne doit jamais bouillir. À l'aide d'un thermomètre, veiller à ce que la température se situe entre 60 ° et 70 °C (140 et 160 °F). ❷ Laisser infuser pendant 30 minutes, puis filtrer dans une passoire fine. ❸ Mettre au réfrigérateur pendant au moins 2 heures – on récupère alors environ 125 g ($^1/_2$ tasse) de beurre. Quand il a une texture épaisse et crémeuse, le battre avec le sucre à glacer et le lait afin d'obtenir un glaçage onctueux et léger.

Décoration

Mettre le glaçage dans une poche à pâtisserie munie d'une douille lisse moyenne et faire une spirale. Ajouter quelques zestes de citron vert fraîchement râpé et servir.

Conseil
Vous pouvez aussi utiliser
un extrait de citronnelle que vous
ajouterez à la recette de Glaçage
à la vanille (voir p. 18).

Cupcakes à la courge musquée

12

1 ¼ h

20-25 min

330 g (2 ³/₄ tasses)	Purée de courges
60 ml (¹/₄ tasse)	Beurre
275 g (1 ¹/₃ tasse)	Sucre
2	Gros œufs
1 c. à café/à thé	Essence de vanille
230 g (1 ²/₃ tasse)	Farine
2 pincées	Sel
1 c. à café/à thé	Levure chimique (poudre à pâte)
2 pincées	Muscade en poudre
Une pincée	Poivre moulu
55 ml (¹/₄ tasse)	Babeurre
3 c. à soupe	Huile

❶ Préchauffer le four à 180 °C (350 °F). Garnir un moule à muffins de petits moules en papier. ❷ Pour faire la purée, retirer la peau et les graines de la courge. Couper la chair en gros cubes et les mettre dans du papier d'aluminium sur une plaque à pâtisserie. Cuire au four pendant environ 40 minutes. Passer les cubes au moulin à légumes ou dans un robot culinaire et utiliser la quantité désirée. ❸ Dans un bol, blanchir le beurre avec le sucre. Ajouter les œufs et la vanille. Bien mélanger. Tamiser ensemble les ingrédients secs et les incorporer au mélange précédent. Ajouter le babeurre, la purée de courges et l'huile. Bien battre la pâte. ❹ Remplir les moules aux ²/₃ et cuire au four de 20 à 25 minutes à 200 °C (400 °F). À la sortie du four, aplatir les gâteaux.

Glaçage aux épices

400 g (1 tasse)	Fondant pâtissier
2 c. à soupe	Eau
2 pincées	Poivre de la Jamaïque
	Colorant orange

❶ Mettre dans un bol le fondant pâtissier, ajouter l'eau, le poivre de la Jamaïque et le colorant. ❷ Tiédir au micro-ondes pendant 1 minute à puissance moyenne. Bien mélanger, le glaçage doit avoir une consistance épaisse.

Décoration

Mettre une cuillerée de glaçage sur le gâteau, puis y déposer des graines de courge caramélisées. Pour caraméliser les graines, bien les laver à l'eau claire, les étaler sur une plaque à pâtisserie, puis les faire sécher au four pendant 1 heure à 110 °C (225 °F). Faire bouillir 100 g (¹/₂ tasse) de sucre et 60 ml (¹/₄ tasse) d'eau. Laisser le sirop refroidir, y plonger les graines, les égoutter, puis les étaler de nouveau sur la plaque. Remettre au four à 120 °C (250 °F) de 20 à 25 minutes jusqu'à ce qu'elles soient légèrement colorées et croquantes.

Conseils

Tous les types de courge peuvent être utilisés, mais la courge musquée, qui est petite et dont la peau est fine, est très facile à manipuler.

Pour obtenir la quantité de purée désirée, utilisez une courge d'au moins 500 g (1 lb). Avec le reste, faites une soupe ou un autre plat, au goût.

Cupcakes à la bière

12

1 h

20-25 min

60 ml (¹/₄ tasse)	Beurre
80 ml (¹/₃ tasse)	Huile
100 g (¹/₂ tasse)	Sucre
100 g (¹/₂ tasse)	Cassonade
2	Œufs moyens
275 g (2 tasses)	Farine
¹/₂ c. à café/à thé	Sel
1 ¹/₂ c. à café/à thé	Bicarbonate de soude
1 ¹/₂ c. à café/à thé	Levure chimique (poudre à pâte)
3 ¹/₂ c. à soupe	Lait 3,25 %
300 ml (1 ¹/₄ tasse)	Bière rousse

❶ Préchauffer le four à 200 °C (400 °F). Garnir un moule à muffins de petits moules en papier. ❷ Dans un bol, blanchir le beurre, l'huile, le sucre et la cassonade, puis ajouter les œufs. Incorporer les ingrédients secs tamisés et ajouter graduellement les liquides. Bien battre la pâte. ❸ La laisser reposer au réfrigérateur pendant 1 heure. Remplir les moules aux ²/₃ de pâte et cuire au four de 20 à 25 minutes.

Glaçage au fromage mascarpone

500 g (16 oz)	Mascarpone
1 c. à soupe	Essence de vanille
85 g (¹/₂ tasse)	Sucre à glacer
85 ml (¹/₃ tasse)	Lait

❶ Battre tous les ingrédients afin d'obtenir une texture onctueuse.

Décoration

Déposer une grosse cuillerée de crème au mascarpone sur chacun des gâteaux. Couper une gousse de vanille en 4 et en mettre un morceau sur la crème.

Conseil

Évitez les bières blondes, qui ont peu de goût, utilisez plutôt une bière au goût prononcé, comme une Blanche de Chambly, une Coup de Grisou ou même une Guinness.

Cupcakes végétaliens

🧁 12

☕ 1 ½ h

〰 20-25 min

Gâteau végétalien

6 c. à soupe	Fécule de maïs
150 g (³/₄ tasse)	Sucre
250 ml (1 tasse)	Boisson de soya
6 ½ c. à soupe	Crème de soya
250 g (1 ³/₄ tasse)	Farine
1 ½ c. à café/à thé	Levure chimique (poudre à pâte)
½ c. à café/à thé	Sel
3 ½ c. à soupe	Huile
1 c. à soupe	Vinaigre de vin blanc
2 c. à café/à thé	Essence de vanille

❶ Préchauffer le four à 180 °C (350 °F). Garnir un moule de moules en papier. ❷ Dissoudre fécule et sucre dans la boisson et la crème de soya. Tamiser le reste des ingrédients secs dans un bol. Y verser le mélange précédent. Battre la pâte, ajouter les liquides et bien amalgamer le tout. ❸ Remplir les moules aux ³/₄. Cuire de 20 à 25 minutes. ❹ À mi-cuisson, mettre un peu de purée de dattes et abricots dans chaque gâteau avec une poche à pâtisserie.

Purée de dattes et abricots séchés

175 g (1 tasse)	Dattes séchées dénoyautées
85 g (¹/₂ tasse)	Abricots séchés
175 ml (³/₄ tasse)	Eau
2 c. à soupe	Miel

❶ Mettre le tout dans une casserole et faire bouillir. ❷ Laisser les fruits secs gonfler à couvert pendant 20 minutes, puis passer au robot culinaire. ❸ Réserver au réfrigérateur.

Barres tendres

85 g (¹/₂ tasse)	Abricots séchés
35 g (¹/₄ tasse)	Dattes
25 g (¹/₄ tasse)	Canneberges séchées
1 c. à soupe	Beurre
1 c. à soupe	Huile
1 c. à soupe	Cassonade
35 g (¹/₄ tasse)	Farine
¹/₄ c. à café/à thé	Sel
³/₄ c. à café/à thé	Bicarbonate de soude
2 c. à café/à thé	Sirop d'érable
40 g (¹/₃ tasse)	Flocons d'avoine
10 g (2 c. à thé)	Millet soufflé
10 g (¹/₄ tasse)	Riz soufflé
1 c. à soupe	Graines de sésame
2 c. à soupe	Germe de blé
15 g (¹/₄ tasse)	Noix de coco râpée, non sucrée
1 c. à soupe	Graines de citrouille
2 c. à soupe	Pois chiches grillés
1 c. à soupe	Graines de millet
1 c. à café/à thé	Extrait de vanille

① Préchauffer le four à 180 °C (350 °F).
② Dans un bol, faire gonfler les abricots pendant 10 minutes dans de l'eau bouillante, puis les égoutter. ③ Couper les dattes et les canneberges séchées en petits morceaux. Réserver. ④ Dans un robot culinaire, mettre les abricots, le beurre, l'huile et la cassonade, puis en faire une purée. ⑤ Ajouter la farine, le sel et le bicarbonate de soude, puis les incorporer.
⑥ Mettre tous les ingrédients dans un grand bol. Bien les mélanger avec les mains en utilisant des gants. ⑦ Dans une plaque à pâtisserie, déposer une feuille de papier parchemin, puis y verser la pâte obtenue. Remettre une feuille de papier parchemin sur le dessus et aplatir le tout à l'épaisseur désirée, à l'aide d'un rouleau à pâtisserie. ⑧ Cuire au four de 30 à 45 minutes, selon l'épaisseur.
⑨ À la sortie du four, laisser refroidir sur une grille, puis découper à la taille désirée.

Décoration

Déposer un carré de barre tendre sur chacun des gâteaux.

Conseil

Vous pouvez remplacer les ingrédients des barres tendres par leur équivalent, en termes de croquant ou de moelleux, par exemple des graines de sésame par des graines de pavot et des dattes par des figues.

Cupcakes au tofu

🧁 12

🍶 1 h

♨ 20-25 min

290 g (1 ½ tasse)	Tofu à dessert
260 g (1 ¼ tasse)	Sucre
3	Gros œufs
245 g (1 ¾ tasse)	Farine
2 c. à café/à thé	Levure chimique (poudre à pâte)
¼ c. à café/à thé	Sel
65 ml (¼ tasse)	Huile

❶ Préchauffer le four à 190 °C (375 °F). Garnir un moule à muffins de petits moules en papier. ❷ Dans un bol, fouetter énergiquement le tofu et le sucre pour que le mélange soit le plus homogène possible. ❸ Ajouter les œufs, les ingrédients secs tamisés et bien fouetter. Incorporer l'huile et bien homogénéiser. ❹ Remplir les moules aux ¾ de pâte, puis ajouter quelques bleuets avant la cuisson. ❺ Cuire au four de 20 à 25 minutes.

Glaçage à la ricotta

300 g (1 ¼ tasse)	Ricotta
2 c. à soupe	Miel
	Zeste de ¼ citron vert

❶ Mélanger le tout délicatement.

Décoration

Déposer une bonne cuillerée de ricotta sur le gâteau, ajouter quelques bleuets, un soupçon de zeste et quelques traits de miel.

Conseil

Utilisez du tofu non parfumé, à la texture soyeuse. Si vous ne trouvez que du tofu ferme, râpez-le, mais le résultat ne sera pas le même.

Cupcakes aux abricots séchés et mousse aux amandes

12

1 ¼ h

20-25 min

Gâteau aux abricots

Un sachet	Thé
200 g (1 ¼ tasse)	Abricots séchés
5	Gros œufs
290 g (1 ⅓ tasse)	Sucre
	Zeste de ½ citron
230 g (1 ⅔ tasse)	Farine
1 c. à café/à thé	Levure chimique (poudre à pâte)
2 pincées	Sel
3 c. à soupe	Beurre fondu
3 c. à soupe	Huile d'olive

❶ Préchauffer le four à 190 °C (375 °F). Garnir un moule à muffins de petits moules en papier. ❷ Faire bouillir 500 ml (2 tasses) d'eau, ajouter le sachet de thé et y faire gonfler les abricots séchés. Laisser refroidir au frais, puis égoutter. ❸ Fouetter les œufs et le sucre jusqu'à l'obtention d'une consistance mousseuse. Ajouter le zeste et les ingrédients secs tamisés. Bien mélanger le tout. Incorporer délicatement les liquides et les abricots égouttés coupés en 4. ❹ Laisser la pâte reposer au réfrigérateur pendant 1 heure. ❺ Remplir les moules aux ⅔ de pâte et cuire au four de 20 à 25 minutes.

Mousse aux amandes

Pour cette recette, vous aurez besoin d'une passoire très fine et d'un siphon.

100 g (⅓ tasse)	Pâte d'amande
150 ml (⅔ tasse)	Lait 3,25 %
140 ml (⅔ tasse)	Crème à fouetter 35 %

❶ Dans une casserole, faire fondre la pâte d'amande dans le lait, à feu doux. Mélanger et passer au chinois. ❷ Laisser refroidir, puis ajouter la crème. Mettre le mélange dans le siphon, ajouter une cartouche de gaz, bien agiter et garder au réfrigérateur.

Décoration

Faire une rosace de mousse aux amandes sur le cupcake, puis y déposer une lamelle d'abricot.

Conseil

L'achat d'un siphon est un bon investissement, car de plus en plus de livres de recettes y sont consacrés. Vous pourrez donc aisément rentabiliser votre achat.

Cupcakes pistaches et oranges confites

🧁 12

🥣 1 ¼ h

♨ 35 min

Financiers aux pistaches

225 g (1 tasse)	Beurre
335 g (2 ¼ tasses)	Sucre à glacer
110 g (1 tasse)	Poudre d'amande
110 g (¾ tasse)	Farine
70 g (¼ tasse)	Pâte de pistache 100 %
9	Blancs d'œufs moyens

❶ Préchauffer le four à 190 °C (375 °F). Garnir un moule à muffins de petits moules en papier. ❷ Mettre le beurre dans une casserole et le faire bouillir pour qu'il prenne une couleur dorée et une saveur de noisette. Laisser tiédir et réserver. ❸ Dans un grand bol, mélanger les ingrédients secs avec la pâte de pistache, incorporer les blancs d'œufs, puis le beurre tiède. Bien battre la pâte. ❹ Remplir les moules aux ⅔ de pâte et cuire au four pendant 10 minutes. Baisser la température du four à 160 °C (325 °F) et cuire encore pendant 25 minutes. ❺ À la sortie du four, démouler.

Oranges confites

4	Oranges
300 g (1 ½ tasse)	Sucre
400 ml (1 ⅔ tasse)	Eau

❶ Couper chacune des oranges en 6, puis enlever tous les pépins. ❷ Plonger les quartiers dans une casserole d'eau froide. Les faire bouillir 30 secondes. Égoutter aussitôt et répéter l'opération 3 fois. Cela permet d'enlever l'amertume. L'écorce d'orange sera alors beaucoup moins amère. ❸ Dans une casserole, faire un sirop avec le sucre et l'eau. Ajouter les quartiers d'orange et laisser frémir doucement de 30 à 45 minutes. Le sirop doit couvrir les quartiers d'orange. Si ce n'est pas le cas, ajouter du sirop. ❹ L'écorce doit commencer à devenir translucide. Couper un morceau d'orange, le laisser refroidir et goûter pour vérifier s'il est bien confit. L'écorce doit être sucrée et légèrement amère. Si elle est trop amère, faire confire de nouveau pendant 15 minutes.

Conservation

Les oranges confites se conservent au réfrigérateur dans leur sirop, dans un récipient hermétique. Les égoutter avant l'utilisation. Elles se conservent pendant 1 mois.

Décoration

Mettre un quartier d'orange confite sur chaque gâteau, puis napper d'une petite cuillerée de sirop. Parsemer ensuite de quelques morceaux de pistaches.

Conseils

Vous trouverez de la pâte de
pistache dans les épiceries spécialisées.
Il est préférable qu'elle soit non sucrée et
non colorée.

Cette recette peut se faire avec tous les
agrumes. Utilisez des fruits non traités.

Cupcakes aux fruits et mousse à la crème sure

12

1 ½ h

20-30 min

Cake aux fruits

175 g (³/₄ tasse)	Ananas confit
65 g (¹/₃ tasse)	Cerises confites
110 g (1 tasse)	Noix
150 g (1 ¹/₄ tasse)	Pacanes
200 g (1 ¹/₄ tasse)	Dattes
65 g (¹/₃ tasse)	Abricots séchés
100 g (³/₄ tasse)	Farine
2	Petits œufs
55 g (¹/₄ tasse)	Sucre

❶ Préchauffer le four à 160 °C (325 °F). Garnir un moule à muffins de petits moules en papier. ❷ Couper les fruits confits en morceaux d'environ 2 x 2 cm (³/₄ x ³/₄ po). Les mettre dans un grand bol avec les fruits secs et les noix, puis ajouter la farine. Bien mélanger le tout pour que tous les morceaux soient enrobés de farine. ❸ Dans un autre récipient, fouetter légèrement les œufs et le sucre, puis les ajouter au mélange précédent. Bien mélanger le tout. ❹ Remplir le moule aux ³/₄ du mélange et bien tasser le tout. ❺ Cuire au four de 20 à 30 minutes. ❻ Quand les gâteaux sont cuits, retirer tous les petits moules (le papier s'enlèvera plus facilement à chaud). Les tremper ensuite dans le sirop au rhum (les tremper 2 ou 3 fois, au goût). Laisser tiédir sur une grille.

Sirop au rhum

175 ml (³/₄ tasse)	Eau
100 g (¹/₂ tasse)	Sucre
3 c. à soupe	Rhum

❶ Faire bouillir l'eau et le sucre pendant 5 minutes, puis ajouter le rhum. Conserver au réfrigérateur.

Mousse à la crème sure

300 g (1 ¹/₄ tasse)	Crème sure, crème aigre ou yogourt nature
50 g (¹/₄ tasse)	Sucre
1 c. à café/à thé	Essence de vanille
180 ml (³/₄ tasse)	Crème à fouetter 35 %

❶ Dans un bol, mélanger la crème sure, le sucre et la vanille à l'aide d'un fouet pour faire fondre le sucre. ❷ Dans un autre bol, fouetter la crème pour qu'elle soit mousseuse. Mélanger le tout délicatement et servir aussitôt.

Décoration

Remettre chacun des gâteaux dans un moule propre, puis y déposer une cuillerée de mousse. Décorer le tout de morceaux de cerise confite.

Conseil

Si vous voulez offrir des cupcakes aux enfants, préparez le sirop avec 2 c. à soupe de vanille, plutôt qu'avec du rhum.

Cupcakes au chocolat blanc et aux suprêmes d'agrumes

12

1 ½ h

25 min

Gâteau au chocolat blanc

145 g (²/₃ tasse)	Beurre
240 g (1 ¾ tasse)	Chocolat blanc, en pastilles
5	Gros œufs
100 g (½ tasse)	Sucre
225 g (1 ²/₃ tasse)	Farine
2 pincées	Sel
¾ c. à café/à thé	Levure chimique (poudre à pâte)

❶ Préchauffer le four à 190 °C (375 °F). Garnir un moule à muffins de petits moules en papier. ❷ Dans un bain-marie, faire fondre doucement le beurre et le chocolat blanc. ❸ Dans un bol, monter les œufs avec le sucre jusqu'à l'obtention d'une consistance mousseuse. Ajouter les ingrédients secs tamisés et bien battre la pâte. Incorporer ensuite le mélange beurre-chocolat et bien mélanger le tout. ❹ Remplir les moules aux ¾ de pâte et mettre au four. ❺ Après 15 minutes de cuisson, insérer un bâtonnet de crème de mangue au centre de chacun des gâteaux et cuire encore pendant environ 10 minutes. ❻ À la sortie du four, démouler.

Crème de mangue au chocolat blanc

135 g (²/₃ tasse)	Mangues fraîches mûries à point
2 c. à soupe	Lait
120 g (³/₄ tasse)	Chocolat blanc, en pastilles

❶ Enlever la peau de la mangue et couper la chair en petits cubes. Mettre la quantité désirée dans un robot culinaire. ❷ Faire une ganache en versant le lait bouillant sur le chocolat. Bien mélanger et passer ensuite au robot culinaire avec la mangue. La texture doit être crémeuse et homogène. ❸ Verser dans un récipient en plastique d'environ 15 x 10 cm (6 x 4 po) et mettre au congélateur. ❹ Lorsque la crème est bien congelée, la démouler sur une planche à découper, puis y couper 12 bâtonnets que l'on gardera au congélateur jusqu'à l'utilisation.

Conseil

Vous pouvez utiliser de la purée de mangues du commerce. Mais si vous utilisez des fruits frais, choisissez des mangues non fibreuses et bien mûres.

Suprêmes d'agrumes

3	Oranges
1	Pamplemousse rose
1	Citron vert

❶ Couper les 2 extrémités pour avoir une bonne assise. Suivre la courbe du fruit pour ôter l'écorce en enlevant le moins de pulpe possible. ❷ Placer la lame le long de chaque membrane et retirer les suprêmes. ❸ Les conserver dans un récipient avec leur jus et les égoutter avant l'utilisation.

Gelée à la lavande

3	Feuilles de gélatine
300 ml (1 ¼ tasse)	Eau
150 g (¾ tasse)	Sucre
	Extrait de lavande
	Colorant mauve

❶ Ramollir la gélatine 10 minutes dans de l'eau très froide, puis l'égoutter. ❷ Dans une casserole, faire bouillir l'eau et le sucre, ajouter l'extrait de lavande et le colorant, puis la gélatine. ❸ Brasser et filtrer le tout. ❹ Verser dans un contenant à fond plat et à rebord élevé. Mettre au réfrigérateur.

Décoration

Empiler en alternance des suprêmes d'agrumes et des cubes de gelée.

Cupcakes dacquoise aux amandes, mousse au Nutella et banane caramélisée

🧁 12

🫕 1 ¼ h

♨ 15-20 min

Dacquoise aux amandes

170 g (1 ¼ tasse)	Sucre à glacer
175 g (1 ¾ tasse)	Poudre d'amande
70 g (⅓ tasse)	Sucre
7	Blancs d'œufs

❶ Préchauffer le four à 160 °C (325 °F). Garnir un moule à muffins de petits moules en papier. ❷ Tamiser le sucre à glacer et la poudre d'amande. ❸ Dans un bol, fouetter les blancs d'œufs avec le sucre pour obtenir une meringue ferme. ❹ Incorporer délicatement le mélange tamisé sans faire retomber la meringue. ❺ Remplir les moules à moitié, puis saupoudrer de sucre à glacer avant la cuisson. ❻ Cuire au four de 15 à 20 minutes. La croûte doit être dorée et le centre doit rester moelleux. ❼ À la sortie du four, démouler.

Mousse au Nutella

1 feuille	Gélatine en feuilles
2	Gros jaunes d'œufs
2 c. à café/à thé	Sucre
180 ml (¾ tasse)	Lait 3,25 %
125 ml (½ tasse)	Crème 35 %
2 c. à soupe	Chocolat noir 70 %, en pastilles
150 g (½ tasse)	Nutella
80 ml (⅓ tasse)	Crème à fouetter 35 %

❶ Dans un bol, mettre la feuille de gélatine à ramollir dans l'eau froide pendant 15 minutes, puis l'égoutter. ❷ Dans un autre bol, blanchir les jaunes d'œufs avec le sucre. ❸ Dans une casserole, faire bouillir le lait et la crème, puis verser ce mélange sur les jaunes blanchis. Bien mélanger et laisser reposer pendant 5 minutes. Ajouter la feuille de gélatine, le chocolat et le Nutella. Bien mélanger. Passer le tout au chinois, puis mettre au réfrigérateur. ❹ Quand le mélange est froid, ajouter la crème à fouetter et mettre dans un siphon. Ajouter une cartouche de gaz, bien agiter le siphon et garder au réfrigérateur jusqu'à l'utilisation.

Banane caramélisée

1	Banane
	Sucre

❶ Couper une banane en 2 dans le sens de la longueur, puis couper les extrémités. ❷ Saupoudrer de sucre et faire caraméliser à l'aide d'une torche.

Décoration

Faire une rosace de mousse au Nutella sur le gâteau, puis y déposer un morceau de banane et quelques arachides.

Conseil

La base de la mousse au Nutella est une crème anglaise, qui est assez difficile à réussir. Je vous propose donc une version vite faite. Mais pour être préparée dans les règles, elle doit être cuite jusqu'à 83 °C (181 °F), cuisson dite à la nappe.

Cupcakes du mendiant, sauce aux agrumes

🧁 12

🥣 1 h

♨ 30 min

Financier aux fruits secs

240 g (1 tasse)	Beurre
120 g (1 ¼ tasse)	Poudre d'amande fine
240 g (1 ½ tasse)	Sucre à glacer
100 g (¾ tasse)	Farine
7	Gros blancs d'œufs
120 g (¾ tasse)	Figues séchées
50 g (⅓ tasse)	Abricots séchés
40 g (¼ tasse)	Oranges confites
60 g (½ tasse)	Raisins secs

❶ Préchauffer le four à 190 °C (375 °F). Garnir un moule à muffins de petits moules en papier. ❷ Mettre le beurre dans une casserole et le faire bouillir pour qu'il prenne une couleur dorée et une saveur de noisette. Réserver. ❸ Battre les blancs d'œufs à la fourchette. Réserver. ❹ Mélanger tous les ingrédients secs dans un grand bol et ajouter les blancs d'œufs. Ajouter ensuite le beurre encore tiède et bien mélanger. ❺ Couper les figues, les abricots et les oranges en petits morceaux, puis les ajouter à la pâte avec les raisins. ❻ Remplir les moules aux ⅔ de pâte, cuire au four pendant 5 minutes à 190 °C (375 °F), puis pendant 25 minutes à 150 °C (300 °F). ❼ À la sortie du four, démouler.

Sauce aux agrumes

200 g (1 tasse)	Sucre
3 ½ c. à soupe	Jus de citron
220 ml (1 tasse)	Jus d'orange

❶ Faire un caramel à sec en mettant le sucre dans une casserole assez grande. Chauffer jusqu'à ce qu'il caramélise en le mélangeant doucement avec une cuillère en bois. Cette opération peut être dangereuse, il faut donc prendre quelques précautions, car lorsque le sucre sera prêt, il aura atteint environ 160 °C (325 °F). Il est donc prudent d'utiliser des gants à vaisselle pour se protéger des éclaboussures. ❷ Déglacer au jus d'agrumes. ❸ Faire bouillir pendant 3 minutes, puis filtrer dans une passoire fine. Réserver au réfrigérateur.

Décoration

Verser une bonne cuillerée de sauce sur le cupcake, puis ajouter quelques fruits séchés.

Conseil

Attention de ne pas brûler le beurre noisette, il pourrait vite prendre un goût âcre. Ne le filtrez pas quand vous l'ajoutez à la recette.

Cupcakes aux marrons glacés et parfait glacé au café

12

1 ¼ h

25-30 min

Pain de Gênes aux marrons glacés

1	Gousse de vanille grattée
¹/₂	Orange zestée
80 g (²/₃ tasse)	Fécule de maïs
250 g (1 ¹/₂ tasse)	Beurre mou
300 g (1 ¹/₂ tasse)	Sucre
200 g (2 tasses)	Poudre d'amande
6	Œufs moyens
Quelques brisures	Marrons glacés

❶ Préchauffer le four à 190 °C (375 °F). Garnir un moule à muffins de petits moules en papier. ❷ Dans un bol, mélanger la vanille et le zeste d'orange avec la fécule. ❸ Dans un autre bol, blanchir le beurre avec le sucre, puis ajouter graduellement la poudre d'amande et les œufs. ❹ Incorporer le mélange de fécule et bien battre la pâte. ❺ Remplir les moules aux ²/₃, puis ajouter quelques brisures de marrons glacés. ❻ Cuire au four de 25 à 30 minutes. ❼ À la sortie du four, démouler.

Parfait glacé au café

125 ml (¹/₂ tasse)	Expresso froid
3 ¹/₂ c. à soupe	Eau
160 g (³/₄ tasse)	Sucre
5	Jaunes d'œufs
200 ml (³/₄ tasse)	Crème à fouetter 35 %

❶ Faire l'expresso assez serré ou l'acheter dans le commerce et le faire refroidir. Réserver. ❷ Faire bouillir l'eau et le sucre jusqu'à 118 °C (245 °F). Dans un bol, verser ce sirop sur les jaunes d'œufs en fouettant, puis monter jusqu'à complet refroidissement. ❸ Dans un autre bol, fouetter la crème jusqu'à ce qu'elle soit mousseuse. ❹ Lorsque le mélange jaunes-sirop est froid, ajouter le café, puis incorporer la crème montée. ❺ Verser dans un contenant et mettre au congélateur.

Décoration

Sur le gâteau refroidi, mettre une boule de parfait glacé au café, puis parsemer de miettes de marrons glacés.

Conseils

Vous trouverez des marrons glacés dans les épiceries spécialisées.

Vous pouvez aussi mouler le parfait glacé dans un moule souple en silicone.

Cupcakes aux fraises séchées et foam au basilic

🧁 12

🍶 1 ½ h

♨ 1 h

Fraises séchées

500 g (3 ½ tasses)	Fraises fraîches
150 g (¾ tasse)	Sucre
200 ml (¾ tasse)	Eau
	Jus de ½ citron

❶ Préchauffer le four à 110 °C (225 °F). ❷ Laver les fraises en les passant sous l'eau froide, puis enlever la queue. ❸ Les couper en tranches fines, puis les mettre dans un bol. ❹ Dans une casserole, faire bouillir le sucre, l'eau et le jus de citron, puis verser sur les fraises. ❺ Couvrir 15 minutes, puis égoutter. ❻ Sur une plaque à pâtisserie couverte d'une feuille de papier sulfurisée, déposer les tranches de fraises en les espaçant les unes des autres. ❼ Mettre au four pendant 1 heure en vérifiant de temps en temps que les fraises ne brûlent pas. Les retourner à mi-cuisson. ❽ Les laisser refroidir et les garder au réfrigérateur dans un récipient hermétique.

Gâteau léger

5	Gros œufs
360 g (1 ¾ tasse)	Sucre
¾ c. à café/à thé	Sel
225 g (1 ⅔ tasse)	Farine
1 ¼ c. à café/à thé	Levure chimique (poudre à pâte)
80 ml (⅓ tasse)	Huile

❶ Préchauffer le four à 180 °C (350 °F). Garnir le moule de moules en papier. ❷ Monter les œufs et le sucre dans un bol. Incorporer les ingrédients secs tamisés. Fouetter vivement. Ajouter l'huile. Laisser reposer 1 heure au frigo. ❸ Remplir les moules aux ⅔ et enfoncer des tranches de fraise dans la pâte. ❹ Cuire de 20 à 25 minutes, puis démouler.

Foam au basilic

600 ml (2 ½ tasses)	Lait
3 c. à soupe	Sucre
35 g (¾ tasse)	Feuilles de basilic
260 ml (1 tasse)	Crème à fouetter 35 %

❶ Faire bouillir la moitié du lait avec le sucre. Y infuser 15 g (⅓ tasse) de feuilles de basilic 15 minutes. Filtrer et laisser refroidir. ❷ Dans une marmite, faire bouillir une grande quantité d'eau et mettre un bol d'eau glacée à côté. ❸ Plonger le reste des feuilles 30 secondes dans la marmite, puis les récupérer avec une écumoire. Les mettre dans l'eau froide. ❹ Égoutter le basilic et l'ajouter au lait infusé. Mixer au mélangeur à main et filtrer dans une passoire fine. ❺ Ajouter la crème et le reste du lait, et verser dans une bonbonne à chantilly. ❻ Ajouter une cartouche de gaz et bien agiter la bonbonne. Mettre au frigo.

Décoration

Bien secouer le siphon avant l'utilisation.
Faire une rosace sur chaque gâteau, déposer
quelques tranches de fraise et des petites
feuilles de basilic, puis servir aussitôt.

Cupcakes labneh et figues

🧁 12

🍯 1 ¼ h

〰 25-30 min

Crumble

Une recette	Pâte sucrée, p. 38
75 g (¹/₃ tasse)	Beurre

① Préchauffer le four à 180 °C (350 °F). Faire la recette de pâte sucrée, abaisser la pâte et la cuire au four pendant 15 minutes. ② Quand la pâte est refroidie, l'écraser dans un bol avec le beurre et bien amalgamer le tout. ③ Tapisser le fond de chaque moule d'une bonne cuillerée de cette pâte.

Appareil à tarte au fromage labneh

315 g (1 ¼ tasse)	Fromage
55 ml (¼ tasse)	Crème 35 %
2 c. à soupe	Fécule de maïs
3	Œufs moyens
1 petit	Jaune d'œuf
130 g (²/₃ tasse)	Sucre

① Dans un bol, fouetter le fromage avec la crème et la fécule. ② Préchauffer le four à 135 °C (275 °F). Garnir un moule à muffins de petits moules en papier. ③ Dans un autre bol, fouetter les œufs, le jaune et le sucre, puis monter l'appareil. ④ Incorporer le fromage. Bien mélanger la pâte et mouler aussitôt. ⑤ Remplir les moules de pâte presque jusqu'au bord et cuire au four de 20 à 25 minutes.

Gelée de figues séchées

200 g (1 ¹/₃ tasse)	Figues séchées
1 c. à café/à thé	Thé en poudre
400 ml (1 ²/₃ tasse)	Eau
3 c. à soupe	Miel
1 c. à soupe	Sucre
2 ¹/₂ c. à café/à thé	Agar-agar

① Enlever la tige dure de chaque figue à l'aide d'un couteau, puis mettre les figues dans une casserole avec le thé, l'eau et le miel. Faire bouillir. Laisser infuser 15 minutes et passer dans un robot culinaire. Remettre dans la casserole et faire bouillir de nouveau. ② Dans un bol, mélanger le sucre et l'agar-agar. Verser ce mélange en pluie dans la casserole en fouettant sans arrêt. Cuire pendant 1 minute. ③ Verser dans un moule de 12,5 x 17,5 cm (5 x 7 po) couvert d'une pellicule plastique. Réserver au réfrigérateur.

Décoration

Découper des cubes de gelée, en déposer sur chaque gâteau et servir.

Conseils

Pour faire la gelée, vous
pouvez remplacer les figues par des abricots
séchés ou par des dattes et procéder de la
même façon.

Le labneh peut aussi être remplacé par un
fromage de chèvre frais.

Cupcakes au thé matcha et ananas au poivre vert

🧁 12

🍳 1 ¼ h

♨ 20-25 min

Cake au thé matcha

5	Œufs moyens
270 g (1 ¼ tasse)	Sucre
235 g (1 ¾ tasse)	Farine
1 ¼ c. à café/à thé	Levure chimique (poudre à pâte)
2 pincées	Sel
27 g (¼ tasse)	Thé matcha
225 ml (1 tasse)	Beurre fondu

❶ Préchauffer le four à 190 °C (375 °F). Garnir un moule à muffins de petits moules en papier. ❷ Dans un bol, fouetter les œufs et le sucre pour qu'ils soient mousseux. Tamiser les ingrédients secs et le thé, puis les incorporer au premier mélange. Bien battre la pâte, puis ajouter le beurre fondu. ❸ Remplir les moules aux ¾ de pâte et cuire au four de 20 à 25 minutes. ❹ À la sortie du four, démouler.

Conseil

Vous trouverez du thé matcha dans les boutiques de thé ou les épiceries asiatiques, sous forme de poudre fine.

Ananas au poivre vert

20 grains	Poivre vert
150 ml (⅔ tasse)	Soda au citron (Sprite, 7UP ou autre)
3 ½ c. à soupe	Eau
2 c. à café/à thé	Sucre
1 c. à café/à thé	Pectine
250 g (1 ½ tasse)	Ananas en petits cubes ou en bâtonnets
2 feuilles	Basilic frais

❶ À l'aide d'un couteau, écraser les grains de poivre. Dans une casserole, les faire bouillir avec le soda et l'eau. ❷ Dans un petit bol, mélanger le sucre et la pectine. ❸ Ajouter ce mélange en pluie dans la casserole et faire bouillir pendant 1 minute. Ajouter les cubes d'ananas et faire bouillir de nouveau pendant 1 minute. Laisser refroidir. ❹ Quand le mélange est froid, ajouter les feuilles de basilic coupées finement et conserver au frais.

Décoration

Déposer quelques cubes d'ananas sur le gâteau et napper de sirop.

Cupcakes choco-coco-Passion

🧁 12

🍶 1 ¼–1 ½ h

♨ 20-25 min

Gâteau

Utilisez une recette de Cupcakes fondants, p. 42

Macarons à la noix de coco

1	Œuf
90 g (½ tasse)	Sucre
125 g (1 ¾ tasse)	Noix de coco non sucrée

❶ Préchauffer le four à 180 °C (350 °F). Garnir un moule à muffins de moules en papier. ❷ Mélanger œuf, sucre et noix de coco dans un bol. Mettre au réfrigérateur. Laisser reposer pendant 2 heures. ❸ Répartir le mélange entre les moules en papier et presser légèrement le mélange au fond de chaque moule. ❹ Préparer un mélange de Cupcakes fondants. ❺ Couvrir le premier mélange du mélange de Cupcakes fondants et remplir les moules aux ¾. ❻ Cuire au four de 20 à 25 minutes. ❼ À la sortie du four, démouler sur une grille.

Crème au beurre meringuée aux fruits de la Passion

130 g (½ tasse)	Purée de fruits de la Passion (10 à 15 fruits)
190 g (1 tasse)	Sucre
3	Gros blancs d'œufs
170 g (1 tasse)	Beurre mou

❶ Pour faire la purée, couper les fruits de la Passion en 2. Au-dessus d'un tamis fin, enlever toute la pulpe pour récupérer le jus des fruits. Garder les graines pour la décoration. ❷ Dans une casserole moyenne, chauffer le jus des fruits avec 170 g (¾ tasse) de sucre, jusqu'à ce que le mélange atteigne 116 °C (240 °F). ❸ Dans un bol, monter les blancs d'œufs avec le reste du sucre au batteur à main ou dans un batteur sur socle, à vitesse moyenne, puis y verser le sirop quand il sera assez chaud. Augmenter la vitesse du batteur et fouetter pendant 5 minutes. Revenir à vitesse moyenne et fouetter jusqu'à ce que le mélange soit complètement froid. Incorporer le beurre graduellement et bien fouetter le tout jusqu'à ce que le mélange soit onctueux et qu'il se tienne bien.

Décoration

Mettre la crème au beurre dans une poche à pâtisserie munie d'une douille lisse moyenne et faire une spirale. Décorer au goût et servir.

Conseils

Vous pouvez aussi trouver de la
purée de fruits de la Passion surgelée
dans les épiceries spécialisées.

Si vous utilisez des fruits frais, les
choisir bien ridés, ils seront à point.

Truffes Passion et Truffes au caramel

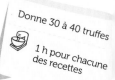

Donne 30 à 40 truffes

1 h pour chacune des recettes

Truffes Passion

270 g (2 tasses)	Chocolat au lait, en pastilles
80 g (½ tasse)	Chocolat noir, en pastilles
110 ml (½ tasse)	Jus de fruits de la Passion
2 c. à café/à thé	Sirop de maïs ou miel
45 g (¼ tasse)	Beurre mou

❶ Dans un bain-marie, faire fondre les 2 chocolats. ❷ Dans une casserole, faire bouillir le jus de fruits de la Passion et le sirop de maïs, puis verser ce mélange sur le chocolat. ❸ Laisser reposer pendant 5 minutes, puis, par petits ronds concentriques, mélanger le tout afin d'obtenir une texture lisse. Ajouter finalement le beurre. Répéter l'opération sans incorporer d'air. ❹ Lorsque la ganache est bien homogène, la verser dans une plaque à pâtisserie de 17,5 x 12,5 cm (7 x 5 po) préalablement couverte d'une pellicule plastique. Placer ensuite au réfrigérateur.

Finition des truffes

300 g (2 tasses)	Chocolat noir, en pastilles
	Cacao en poudre

Truffes au caramel

80 g (⅓ tasse)	Sucre
3 c. à soupe	Beurre
Une pincée	Sel
6 ½ c. à soupe	Crème 35 %
190 g (1 ⅓ tasse)	Chocolat noir, en pastilles

❶ Faire un caramel à sec en mettant le sucre dans une casserole assez grande. Chauffer jusqu'à ce qu'il caramélise en le mélangeant doucement avec une cuillère en bois. Cette opération peut être dangereuse, il faut donc prendre quelques précautions, car lorsque le sucre sera prêt, il aura atteint environ 160 °C (325 °F). Il est donc prudent d'utiliser des gants à vaisselle pour se protéger des éclaboussures. ❷ Déglacer au beurre, ajouter le sel, puis la crème réchauffée. ❸ Faire bouillir le tout pour que tout le caramel soit fondu, puis verser sur le chocolat. Mélanger ensuite la ganache au fouet sans incorporer d'air. Quand la ganache est bien lisse, la verser dans une plaque à pâtisserie préalablement couverte d'une pellicule plastique. Placer ensuite au réfrigérateur.

Finition

1 Remplir un récipient étroit et haut d'eau chaude. Utiliser un long couteau. Pour obtenir une belle finition, mettre ce couteau dans l'eau chaude et l'essuyer avant chaque coupe. **2** Découper des rectangles, des carrés ou les formes désirées, puis remettre les morceaux au réfrigérateur. **3** Pour obtenir des truffes rondes, utiliser des gants en latex et rouler les truffes entre les paumes de la main. **4** Faire fondre le chocolat au bain-marie, mais attention, il ne doit pas dépasser les 45 à 50 °C (115 à 120 °F). **5** Dans un récipient plat à bord haut, mettre du cacao en poudre non sucré. **6** Mettre des gants propres, tremper le bout des doigts d'une main dans le chocolat fondu, puis en mettre une fine couche sur les truffes. Les enrober ensuite de chocolat dans la paume de l'autre main. Rouler les truffes dans le cacao avec une fourchette. **7** Lorsque toutes les truffes seront couvertes de cacao, les laisser prendre au réfrigérateur pendant 1 heure, puis les secouer un peu pour enlever le surplus de cacao.

Conservation

Les truffes se conservent au réfrigérateur pendant 1 mois.

Les décorations

Pour les occasions spéciales, vous pouvez décorer vos cupcakes différemment. Voici quelques suggestions.

Sapins de Noël

🧁 12

🍰 25-30 min

Vous avez besoin de :

Une poche à pâtisserie munie d'une
    petite douille
Un emporte-pièce en forme d'étoile
12 gâteaux, saveur au choix
Pâte à sucre colorée en jaune
Glaçage à la vanille coloré en vert
Billes en sucre de couleur
1 cornet de chocolat blanc coloré en bleu
1 cornet de chocolat blanc
Sucre en poudre de couleur argent

---

❶ Abaisser la pâte à sucre et y couper
12 petites étoiles. ❷ Former un sapin avec le
glaçage vert en faisant des petits pics vers
le haut. ❸ Placer l'étoile en haut du sapin et
ajouter quelques billes en sucre. ❹ Former
des guirlandes avec les 2 chocolats, puis
saupoudrer de sucre argent.

Bonshommes de neige

🧁 12

🍰 30 min

Vous avez besoin de :

Une poche à pâtisserie munie d'une grosse douille unie
Une poche à pâtisserie munie d'une douille cannelée
2 feuilles de papier sulfurisé
Pâte à sucre colorée en orange
Chocolat noir, en pastilles
1 cornet de chocolat noir
12 gâteaux, saveur au choix
Glaçage à la vanille blanc et rose
Sucre à glacer

---

❶ Avec la pâte à sucre, faire des petites carottes. ❷ Pour faire les chapeaux, couper une feuille de papier sulfurisé en 2. Sur une tôle à pâtisserie, mettre 12 c. à café (12 c. à thé) de chocolat noir fondu en les espaçant. Couvrir de l'autre moitié du papier, puis faire une légère pression avec le doigt pour obtenir de petits disques. Placer au réfrigérateur. ❸ À l'aide d'un cornet rempli de chocolat, former 24 bras sur une feuille de papier sulfurisé. Placer au réfrigérateur. ❹ Mettre une grosse boule de glaçage blanc sur le gâteau pour le corps, puis une petite pour la tête. Déposer un disque en chocolat pour le chapeau. Avec le glaçage rose, faire une rosace sur le disque en chocolat. ❺ Placer la carotte et les bras. Faire les yeux et les boutons à l'aide du cornet. ❻ Saupoudrer de sucre à glacer.

Poussins

🧁 12

🍥 30 min

Pour ajouter un petit élément cocasse, nos poussins ont une crête.

Vous avez besoin de :

3 emporte-pièces en forme de marguerite
    de tailles différentes
Pâte à sucre colorée en orange
1 cornet de chocolat blanc
1 cornet de chocolat noir
12 gâteaux, saveur au choix
Glaçage à la vanille coloré en jaune

❶ Abaisser la pâte à sucre. Pour faire les pattes, couper 6 petites marguerites, puis les couper en 2. Pour faire les ailes, couper 6 marguerites moyennes, puis les couper en 2. Pour faire la crête, couper 3 grosses marguerites, puis les couper en 4. À défaut d'emporte-pièces, tailler les divers éléments au couteau. ❷ Former le bec avec la pâte à sucre orange. ❸ Pour faire le corps, faire une grosse boule de glaçage surmontée d'une petite boule pour la tête. ❹ Planter le bec, la crête, les pattes et les ailes. Faire ensuite les yeux à l'aide des 2 cornets.

Fantômes et tombes

12 de chacun

15 min

15-20 min
(tombes)

Pour les fantômes vous avez besoin de :

Un emporte-pièce de 10 cm (4 po)
  de diamètre
Glaçage blanc
12 gâteaux, saveur au choix
Pâte à sucre blanche
1 cornet de chocolat noir

- -

❶ Faire 2 boules de glaçage identiques et
les déposer sur chaque gâteau. ❷ Abaisser
finement la pâte à sucre, puis y couper
12 cercles. ❸ Les déposer sur chaque gâteau.
Pour donner un effet de mouvement au
fantôme, étirer un peu la pâte à sucre vers
l'arrière. ❹ Faire les yeux à l'aide d'un cornet.

Pour les tombes vous avez besoin de :

Une recette de pâte sucrée au chocolat (voir
  recette de base de Pâte sucrée, p. 38)
Cacao en poudre
1 cornet de chocolat blanc
Sauce au caramel
12 gâteaux, saveur au choix

- -

❶ Faire une pâte sucrée au chocolat en
suivant la recette de base de Pâte sucrée,
mais remplacer la quantité de farine par 70 g
(¹/₂ tasse) de farine et ¹/₂ c. à soupe de cacao.
❷ Abaisser la pâte, y couper des rectangles
aux angles irréguliers, puis saupoudrer de
cacao. ❸ Cuire au four de 15 à 20 minutes.

❹ Quand les rectangles sont froids, écrire RIP
avec du chocolat blanc. ❺ Mettre une
cuillerée de sauce au caramel et placer
la dalle.

Bébés qui dorment

🧁 12

🥄 30 min

Vous avez besoin de:

Un emporte-pièce cannelé de 5 cm (2 po)
   de diamètre
Une grosse douille unie
Une douille « chemin de fer »
Glaçage à la vanille blanc
12 gâteaux, saveur au choix
12 boules de pâte à sucre de couleur chair
   pour les têtes
Pâte à sucre bleue pour un garçon ou rose
   pour une fille
1 cornet de chocolat noir

❶ Faire un disque de glaçage sur chacun des gâteaux, puis déposer un petit boudin de glaçage au centre, qui représentera le corps de l'enfant. Placer ensuite la tête. ❷ Dans la pâte à sucre, couper 12 cercles cannelés de la couleur choisie. En replier une partie, puis en déposer un sur chacun des gâteaux, pour faire la couverture. ❸ Prendre une partie du glaçage et le colorer de la couleur des cheveux de l'enfant. Faire ensuite une mèche de cheveux. ❹ Faire les yeux et la bouche avec le cornet.

Sucettes et hochets

🧁 12 de chacun

⏱ 20 min

Pour les sucettes vous avez besoin de:

Un disque cannelé de 5 cm (2 po)
2 emporte-pièces lisses de 5 et 3 cm
   (2 et 1 ¼ po)
12 gâteaux, saveur au choix
Pâte à sucre blanche, rose ou bleue, et orange

- - - - - - - - - - - - - - - -

❶ Faire la base de la sucette en découpant un disque cannelé dans la pâte à sucre blanche. ❷ Découper l'anneau dans la pâte rose ou bleue en utilisant les 2 emporte-pièces. ❸ Avec la pâte à sucre orange, faire le bout de la sucette. ❹ Laisser durcir les 3 parties de la pâte à sucre pendant toute une journée. Les assembler ensuite avec du sucre cuit.

Pour les hochets vous avez besoin de:

Un petit pinceau
12 gâteaux, saveur au choix
Pâte à sucre rose ou bleue, et blanche

- - - - - - - - - - - - - - - -

❶ Faire la boule du hochet avec la pâte à sucre colorée, puis faire un trou d'un côté avec le manche du pinceau. ❷ Pour faire le manche du hochet, former 2 tiges de pâte à sucre de couleurs différentes, puis les rouler en torsade. Les couper ensuite en petits tronçons et former les manches. ❸ Faire du sucre cuit. Procéder comme dans la recette précédente pour assembler les différentes parties.

Sucre cuit

100 g (½ tasse) de sucre
2 c. à soupe d'eau

- - - - - - - - - - - - - - - -

❶ Mettre le sucre et l'eau dans une casserole. Faire bouillir jusqu'à 140 °C (285 °F).

Glossaire

Agar-agar: Gélifiant naturel à base d'algues. Une fois gélifié, le produit semble ferme, mais il reste souple en bouche. Vous en trouverez dans certaines épiceries ou dans les marchés asiatiques sous forme de poudre ou de longs filaments.

Babeurre: Traditionnellement, le babeurre est le liquide blanc qui se sépare de la crème lors de la fabrication du beurre. On l'appelle aussi lait de beurre. Vous pouvez en trouver dans les épiceries, au rayon des produits laitiers.

Blanchir: Travailler vigoureusement au fouet ou à la cuillère en bois des œufs avec du sucre jusqu'à ce que le mélange blanchisse et devienne mousseux. Ou encore, se dit de légumes ou de fruits ébouillantés pendant quelques secondes, puis refroidis rapidement pour en enlever la peau ou pour les attendrir.

Corps: Donner du corps, c'est travailler une pâte en la pétrissant pour en obtenir une consistance élastique. Dans une pâte levée, comme la pâte à pain ou à brioche, le corps permet de faire lever la pâte en emprisonnant les bulles de gaz formées par la fermentation des levures.

Courge musquée: Cette courge a la forme d'une grosse poire. Elle a la chair orange et généralement sucrée. Elle est souvent vendue sous son nom anglais *butternut*.

Émonder: Enlever l'enveloppe de certains fruits secs (pistaches, noisettes ou autres) en les plongeant dans l'eau bouillante, puis en les refroidissant.

Ganache: Garniture faite de crème et de chocolat.

Passer au chinois: Passer une garniture plus ou moins épaisse dans une étamine fine pour en enlever les parties mal incorporées ainsi que les grumeaux.

Tamiser: Passer des ingrédients secs dans un tamis pour en retirer les grumeaux.

Remerciements

Un merci tout particulier à tous les membres de la famille Petits Gâteaux pour leur professionnalisme et leur joie de vivre contagieuse, et parce qu'ils ont pris un malin plaisir à tester tous ces gâteaux! Merci aux Éditions de l'Homme, au Studio Tango et à Luce d'avoir concrétisé le tout d'une si belle façon. Merci à nos partenaires et à nos clients de leur confiance.

Et enfin, merci à la vie d'être aussi savoureuse...

Remerciements de Christine et Claire

Nous aimerions tout d'abord remercier nos mères et nos grands-mères de nous avoir transmis le plaisir de partager et de déguster de bons petits gâteaux en famille, moment magique du repas dominical. Merci aussi à nos familles et à nos amis de nous encourager dans notre aventure quotidienne.

Remerciements de Julien

Pour Jo la boulange, mon père, l'infatigable!

Merci à mes parents qui, dès le début, m'ont laissé libre d'évoluer dans le métier, même si j'étais loin! Merci à toute ma famille, notamment Anne grâce à qui ce projet a pris forme et Thomas pour sa façon à lui de voir les choses... Merci aussi à mes amis proches d'ici et d'ailleurs. Merci également à tous les pâtissiers et cuisiniers avec qui j'ai partagé le fourneau et qui, d'une manière ou d'une autre, m'ont fait avancer.

Index

Suivez les Éditions de l'Homme sur le Web

Consultez notre site Internet et inscrivez-vous à l'infolettre pour rester informé en tout temps de nos publications et de nos concours en ligne. Et croisez aussi vos auteurs préférés et l'équipe des Éditions de l'Homme sur nos blogues !

www.editions-homme.com

Achevé d'imprimer au Canada

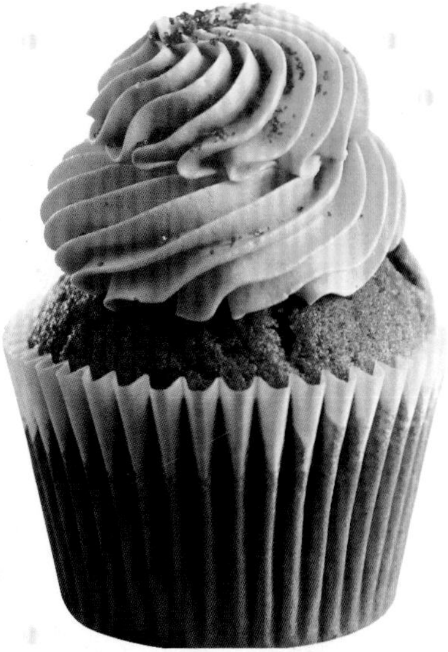

Design graphique: Ann-Sophie Caouette
Montage: Luisa da Silva et Chantal Landry
Traitement des images: Mélanie Sabourin
Révision et correction: Odette Lord
Styliste accessoiriste: Luce Meunier
Photos des recettes et des techniques: Tango
Photos des pages 7 à 9 et 120: Julie Gauthier
Photo de la page 7 (haut): Elizabeth Delage
Illustrations aux pages 16, 61 et 102: Gigi & Martini

03-10

Dépôt légal: 2010
Bibliothèque et Archives nationales du Québec
ISBN 978-2-7619-2716-1

Gouvernement du Québec – Programme de crédit d'impôt pour l'édition
de livres – Gestion SODEC – www.sodec.gouv.qc.ca

L'Éditeur bénéficie du soutien de la Société de développement des entre-
prises culturelles du Québec pour son programme d'édition.

Le Conseil des Arts du Canada
The Canada Council for the Arts

Nous remercions le Conseil des Arts du Canada de l'aide accordée à notre
programme de publication.

Nous reconnaissons l'aide financière du gouvernement du Canada par
l'entremise du Programme d'aide au développement de l'industrie de
l'édition (PADIÉ) pour nos activités d'édition.

DISTRIBUTEURS EXCLUSIFS:
Pour le Canada et les États-Unis:
MESSAGERIES ADP*
2315, rue de la Province
Longueuil, Québec J4G 1G4
Tél.: 450 640-1237
Télécopieur: 450 674-6237
Internet: www.messageries-adp.com
* filiale du Groupe Sogides inc.,
   filiale du Groupe Livre Quebecor Media inc.

Pour la France et les autres pays:
INTERFORUM editis
Immeuble Paryseine, 3, Allée de la Seine
94854 Ivry CEDEX
Tél.: 33 (0) 1 49 59 11 56/91
Télécopieur: 33 (0) 1 49 59 11 33
Service commandes France Métropolitaine
Tél.: 33 (0) 2 38 32 71 00
Télécopieur: 33 (0) 2 38 32 71 28
Internet: www.interforum.fr
Service commandes Export – DOM-TOM
Télécopieur: 33 (0) 2 38 32 78 86
Internet: www.interforum.fr
Courriel: cdes-export@interforum.fr

Pour la Suisse:
INTERFORUM editis SUISSE
Case postale 69 – CH 1701 Fribourg – Suisse
Tél.: 41 (0) 26 460 80 60
Télécopieur: 41 (0) 26 460 80 68
Internet: www.interforumsuisse.ch
Courriel: office@interforumsuisse.ch
Distributeur: OLF S.A.
ZI. 3, Corminboeuf
Case postale 1061 – CH 1701 Fribourg – Suisse
Commandes
Tél.: 41 (0) 26 467 53 33
Télécopieur: 41 (0) 26 467 54 66
Internet: www.olf.ch
Courriel: information@olf.ch

Pour la Belgique et le Luxembourg:
INTERFORUM BENELUX S.A.
Fond Jean-Pâques, 6
B-1348 Louvain-La-Neuve
Téléphone : 32 (0) 10 42 03 20
Fax : 32 (0) 10 41 20 24
Internet: www.interforum.be
Courriel: info@interforum.be